中世國語 對立語 研究

南星祐 著

지식과교양

序文

이 저서는 中世國語 對立語를 순수히 共時的인 관점에서 연구한 것이다.

이 저서를 만드는 데 큰 도움을 준 사람이있다. 子婦 池美螺가 이 저서의 원고를 컴퓨터 작업으로 정리해 주었다.

어려운 出版 사정에도 불구하고 이 저서를 흔쾌히 刊行해 주신 尹 사장님께 그리고 편집을 훌륭하고 멋지게 해 주신 李貞愛 과장님께 謝意를 표한다.

2024년 1월 12일

한국외국어대학교 명예교수실에서

著者 씀

目次

제 1 장

序論

제1절
研究 目的과 範圍

이 저서는 中世國語의 對立語를 순수히 共時的인 관점에서 연구하는 데 目的이 있다.

제2장은 15세기 국어의 대립어를 연구한 것이다. 제2장은 南星祐(1991)를 대폭 補完하고 修正한 것이다.

제3장은 1510년대 국어의 對立語를 연구한 것이다. 제3장은 南星祐(2019)를 補完하고 修正한 것이다.

제4장은 1580년대 국어의 對立語를 연구한 것이다. 제4장에서는 1580년대 국어의 對立語가 논의된다. 제4장은 南星祐(2021)를 補完하고 修正한 것이다.

先行 研究

先行 研究에는 南星祐(1991), 南星祐(2019) 및 南星祐(2021)가 있다.

南星祐(1991)는 15세기 국어의 對立語를 연구한 것이고, 南星祐(2019)는 1510年代 국어의 對立語를 연구한 것이고, 南星祐(2021)는 1580年代 국어의 對立語를 연구한 것이다.

제 **2** 장

———

十五世紀 國語의 對立語 研究

제1절
序論

 이 論文은 十五世紀 國語의 對立語[1]를 순수히 共時的인 관점에서 研究하는 데 그 目的이 있다. 여기서 研究對象으로 하는 十五世紀 國語는 정확하게 말해서 訓民正音 創制(1443) 이후의 약 50여 년간의 文獻語이다.

 現代國語의 對立語에 대한 先行研究는 상당히 많으나 十五世紀 國語의 對立語에 대한 先行研究는 거의 全無한 形便이다.

 現代國語의 對立語에 대한 先行研究로 李勝明(1973, 1978), 南基心(1974), 沈在箕(1975), 李奭周(1975), 洪思滿(1983), 朴善熙(1984), 정인수(1985), 최재홍(1986), 김영선(1986), 임지룡(1989) 및 高明均

---

1) 對立語(opposite)는 흔히 反義語(antonym)라고 한다. Lyons(1977 : 286)에 의하면, '反義'(antonymy)라는 用語는 意味의 對立性이라는 현상을 기술하기 위해 19세기에 新造되었고 그 현상은 그 자체로 同義의 反對語라고 생각되었다.
 임지룡(1988 : 11)에 의하면 意味의 對立關係에 대해 매우 다양한 용어들 즉 '반대말, 反對語, 反義語, 相對語, 對照語, 對立語, 짝말, 맞섬말'이 사용되고 있다.

(1989)이 있다. 十五世紀 國語의 對立語에 대한 斷片的인 論義는 劉昌惇(1971 : 138-143)에서 찾을 수 있다.

現代國語의 對立語에 대한 主要論著들의 내용을 요약해 보면 다음과 같다.

李勝明(1973)은 相對語를 對立語, 對稱語 및 反對語로 삼분하였고 李勝明(1978)은 相對語를 對立語, 對稱語, 反對語 및 對照語로 나누었다.

南基心(1974)에서는 反對語가 '두 단어가 모든 의미자질을 共有하고 한 자질만이 相反될 때'라고 정의되고 있고 沈在箕(1975)는 反義語 檢證의 기준으로 同質性과 異質性을 제시한다.

임지룡(1989)은 대립어의 지위, 대립어의 의미 양상 및 대립어의 의미작용을 고찰하고 있으며 대립어의 유형을 상보 대립어, 반의 대립어, 정도상보 대립어 및 방향 대립어의 넷으로 나누고 대립어의 양상을 극성, 중화 및 유표성을 기준으로 고찰하고 있다.

對立語의 대표적인 분류로 Lyons(1977)의 것과 Cruse(1986)의 것을 들 수 있다. Lyons(1977 : 270-287)에는 네 종류의 語彙的 對立이 제시되어 있는데 反義性(antonymy), 相補性(complementarity), 逆義性(converseness) 및 方向的 對立(directional opposition)이 그 것이다. Cruse(1986: 197-264)에서는 對立語(opposite)를 셋으로 나누는데 相補語(complementary), 反義語(antonym) 및 方向的 對立(directional opposite)가 그것이다.

이 論文에서는 Lyons(1977)의 분류를 援用하여 反義語, 相補語, 逆義語 및 方向的 對立語의 넷으로 나누어 十五世紀 國語의 對立語를 考察하려고 한다.

제2절
反義語

反義는 語彙에서 발견되는 가장 明白한 二元的 對立(binary opposition)으로 이 對立은 언어들의 구조를 지배하는 가장 중요한 原理들 중의 하나이다. 反義의 例를 들면 다음과 같다. 길다/짧다, 어렵다/쉽다, 좋다/나쁘다 등, 反義語는 대부분이 狀態動詞(形容詞)이고 소수가 동작동사이다.

反義를 결정하는 데 중요한 개념이 等級化(grading)이다. 語彙的 對立을 等級化가 可能한 것과 不可能한 것으로 나눌 수 있는데 等級化가 可能한 것이 等級的 對立語(gradable opposite)이고 不可能한 것이 非等級的 對立語(ungradable opposite)이다. 둘 중 等級的 對立語가 反義語(antonym)이다. Cruse(1986 : 204)는 반의어들이 共有하는 特徵들의 하나로 等級可能性(gradability)을 들고 있다.[2]

---

2) Cruse(1986 : 204)는 반의어들이 共有하는 特性을 다음과 같이 규정한다.

等級的 對立語 hot/cold와 非等級的 對立語 female/male 사이에는 중요한 論理的 差異가 있다.[3]

等級的 對立語 즉 反義語 hot/cold에서 하나의 斷定은 다른 것의 否定의 단정을 含意한다. 'X is hot'라는 命題는 'X is not cold'를 함의하고 'X is cold'라는 명제는 'X is not hot'를 함의한다. 'X is not hot'는 일반적으로 'X is cold'를 함의하지 않는다.

非等級的 對立語 female/male에서 'X is female'이라는 명제는 'X is not male'을 함의하고 'X is not female'이라는 명제는 'X is male'을 함의한다.

非等級的 對立語와 등급적 대립어의 구별은 矛盾語(contradictory)와 反義語(contrary)라는 전통적이고 논리적인 구별에 의해서 만족스럽게 설명될 수 있다.[4]

命題 p는 만일 p와 q가 둘 다 眞이거나 僞일 수 없다면 또 다른 명제 q의 모순이다. 예컨대, This is a male cat : This is a female cat. 명제

---

1. 그것들은 완전히 등급적이다(대부분은 형용사이고 소수가 동사이다).
2. 한쌍의 성원들은 길이, 속도, 무게, 정확성과 같은 가변적인 속성의 정도들을 나타낸다.
3. 더 강하게 강화될 때 한쌍의 성원들은 관련 있는 可變的 속성의 정도들을 나타내는 척도를 따라 대립 방향으로 움직인다. 그래서 예컨대 very heavy와 very light는 무게의 척도상에서 fairly heavy와 fairly light보다 더 넓게 분리된다.
4. 한 쌍의 항들은 영역을 엄격하게 양분하지 않는다 : 가변적 속성의 일련의 가치들이 있고 그 가치들은 대립되는 항들에 의해 포괄되는 가치들 사이에 놓여 있고 대립되는 항들은 어느 항에 의해서도 정확하게 지시될 수 없다. 그 결과 반의어 쌍의 하나의 성원을 포함하는 진술은 다른 항을 포함하는 평행의 진술과 반대(contrariety) 관계에 있다. 그래서 It's long과 It's short는 반대의(contrary) 진술이지 모순대조의(contradictory) 진술은 아니다.

3) Lyons 1977 : 271-272 참조.
4) Lyons 1977 : 272.

p는 만일 p와 q가 둘 다 眞일 수 없다면(비록 둘 다 僞일 수 있다 해도) 또 다른 명제 q의 반대이다. 예컨대, The coffee is not : The coffee is cold.

反義語 즉 등급적 대립어는 中立地域(neutral ground)을 가진다. Cruse(1986 : 205)에 의하면, 반의적 쌍들은 척도의 中立地域 즉 中樞地域(pivotal antonym) 둘레에 대칭적으로 배치된다.

反義語는 하위 분류로 兩極 반의어(polar antonym), 重疊 반의어(overlapping) 및 等價 반의어(equipollent antonym)가 있다.[5]

2.1. 兩極 反義語

양극 반의어들은 전형적으로 평가상 中立的이고 객관적으로 記述的이다. 대부분의 경우에 기저의 척도 매겨진 속성은 인치, 그램 또는 시간당 마일과 같은 관습적인 단위들로 측정될 수 있다. 양극 반의어의 예를 들면 다음과 같다. long/short, heavy/light, fast/slow, high/low, deep/shallow, wide/narrow, thick/thin, difficult/easy.

양극 반의어에는 [貧/富] 즉 '가난하다/부유하다'의 뜻을 가진 '가난ᄒ다/가ᅀᅳ멸다'를 비롯하여 [輕/重] 즉 '가볍다/무겁다'의 뜻을 가진 '가비얍다/므겁다' 등 43 항목이 있다.

<1> 가난ᄒ다/가ᅀᅳ멸다

두 상태동사가 [貧/富] 즉 '가난하다/부유하다'의 뜻을 가지고 反義

---

5) Cruse(1986 : 206-214)의 'subclasses of antonyms' 참조.

관계에 있다. 例文(1b)에서 보듯이 '가ᄉ멸다'는 '艱難ᄒ다'와 反義 關係에 있다. (1a)와 (1b)에서 두 상태동사 '가난ᄒ다. 艱難ᄒ다'가 同義語라는 것이 명백히 확인된다.

(1) a. 가난ᄒᄂ 가난호ᄆᆯ 便安히 너기고 가ᄉ며ᄂ 가ᄉ며로ᄆᆯ 警戒홀디니(貧者ᄂ 安基貧ᄒ고 富者ᄂ 戒基富ㅣ니) <內訓一 29b>
     b. 가ᄉ며니 艱難ᄒ니 글히디 아니ᄒ야 <月七 31b>

<2> 가ᄇᆡ얍다/므겁다

두 상태동사가 [經/重] 즉 '가볍다/무겁다'의 뜻을 가지고 反義 관계에 있다. 원문 중 '脣輕音'이 '입시울 가ᄇᆡ야ᄫᆫ 소리'로 번역되고 '昏重'이 '어듭고 므겁다'로 번역된다. 따라서 '가ᄇᆡ얍다'와 '므겁다'의 반의관계는 명백히 입증된다.

(2) a. 입시울 가ᄇᆡ야ᄫᆫ 소리 드외ᄂᆞ니라(爲脣輕音 ᄒᄂᆞ니라) <正音 12a>
     b. 輕은 가ᄇᆡ야ᄫᆯ 씨라 <正音 12a>
     c. 목수미 므거ᄫᆫ 거실ᄊᆡ 손ᅀᅩ 죽디 몯ᄒ야 <釋六 5a>
     d. ᄯᅩ 惑業이 어듭고 므거우미 이셔(又有惑業이 昏重ᄒ야) <楞七 86b>

<3> 가ᄇᆡ얍다/重ᄒ다

두 상태동사가 [輕/重] 즉 '가볍다/무겁다'의 뜻을 가지고 反義 관계에 있다. 원문 중 '重…輕…'이 '重ᄒᄂ…가ᄇᆡ야오ᄂ…'으로 번역된다. 따라서 '가ᄇᆡ얍다'와 '重ᄒ다'의 반의 관계는 명백히 입증된다.

(3) a. 重ᄒᄂ 毛群이 드외오 가ᄇᆡ야오ᄂ 羽族이 드외ᄂᆞ니라(重爲毛群

ᄒ고 輕爲羽族ᄒᆞ니라) <楞八 74b>

<4> 艱難ᄒ다/가ᅀᆞ멸다

두 상태동사가 [貧/富] 즉 '가난하다/부유하다'의 뜻을 가지고 反義 관계에 있다. 원문 중 '世之貧富'가 '世間앳 艱難ᄒ며 가ᅀᆞ멸다'로 번역된다. 따라서 '艱難ᄒ다'와 '가ᅀᆞ멸다'의 반의 관계는 명백히 입증된다.

(4) a. 世間앳 艱難ᄒ며 가ᅀᆞ멸며 貴ᄒ며 賤ᄒ며 기리 살며 뎔이 살며 受苦ᄅᆞᄫᅵ며 즐거ᄫᅮ미 <月十三 59b>

b. 世間앳 艱難ᄒ며 가ᅀᆞ멸며 貴ᄒ며 놀아오며 길며 뎌르며 受苦ᄅᆞ외며 즐거우며(若世之貧富貴賤脩短 若苦樂이) <法華三 56a>

<5> 엻다/쉽다

두 상태동사가 [難/易] 즉 '어렵다/쉽다'의 뜻을 가지고 反義 관계에 있다. 원문 중 '難希有之事'가 '엻본 稀有ᄒᆫ 일'로 번역된다. 따라서 '엻다'와 '쉽다'의 반의 관계는 명백히 입증된다.

(5) a. 釋迦牟尼佛이 甚히 엻본 쉽다 몯ᄒᆞᆫ 이를 잘ᄒᆞ야(月七 77a)

b. 釋迦牟尼佛이 甚히 엻본 稀有ᄒᆫ 이를 잘ᄒᆞ야(釋迦牟尼佛이 能爲 甚難希有之事ᄒᆞ야) <阿彌 27b~28a>

<6> 겨르ᄅᆞ외다/밧브다

두 상태동사가 [閑/忙] 즉 '한가하다/바쁘다'의 뜻을 가지고 反義 관계에 있다. 원문 중 '閑忙'이 '겨르ᄅᆞ외며 밧브다'로 번역된다. 따라서

'겨르ᄅᆞ외다'와 '밧ᄇᆞ다'의 반의 관계는 명백히 입증된다.

(6) a. 겨르ᄅᆞ외며 밧보미 다 ᄒᆞᆫ ᄢᅦ로다(閒忙이 共一時로다) <金삼五
34b>

<7> 輕ᄒᆞ다/重ᄒᆞ다

두 상태동사가 [輕/重] 즉 '가볍다/무겁다'의 뜻을 가지고 反義 관계
에 있다. 원문 중 '重…輕…'이 '重ᄒᆞ닌…輕ᄒᆞ닌…'으로 번역된다. 따
라서 '輕ᄒᆞ다'와 '重ᄒᆞ다'의 반의 관계는 명백히 입증된다.

(7) a. 輕ᄒᆞ닌 有間애 나고 重ᄒᆞ닌 無間 두 가짓 地獄애 나ᄂᆞ니라 (輕生
有間ᄒᆞ고 重生無間二種地獄ᄒᆞᄂᆞ니라) <楞八 76b>

b. 사ᄅᆞ미 그 병중의 경ᄒᆞ며 듕ᄒᆞ며 링ᄒᆞ며 셜호ᄆᆞᆯ 짐쟉ᄒᆞ야 쁘라
(在人斟酌輕重冷熱而投之) <救간一 68a>

<8> 곧다/빗다

두 상태동사가 [直/橫] 즉 '곧다/비스듬하다'의 뜻을 가지고 反義 관
계에 있다. 원문 중 '鼻直眼橫'이 '고히 곧고 누니 빗다'로 번역된다. 그
리고 '眼橫鼻直'이 '누니 빗고 고히 곧다'로 번역된다. 따라서 '곧다'와
'빗다'의 반의 관계는 명백히 입증된다.

(8) a. 고히 곧고 누니 빗도다(鼻直眼橫) <金삼二 11a>

b. 누니 빗고 고히 고든 모미(眼橫鼻直身이) <金삼二 33a>

c. 諸佛이 ᄒᆞᆫ가지로 누니 빗고 고히 고도ᄆᆞᆯ 證ᄒᆞ시니(諸佛이 同證眼
橫鼻直ᄒᆞ시니) <金삼二 33a>

d. 오직 누니 빗고 고히 고도ᄆᆞᆯ 비화 得호려 호미니(只要學得眼橫鼻

直이니) <金삼二 33a>

    e. 各各 누니 빗고 쏘 고히 고ᄃ삿다(各各眼横兼鼻直ᄒ삿다) <金삼
    二 32b>

<9> 굵다/ᄀᆞ눌다

두 상태동사가 [粗/細] 즉 '굵다/가늘다'의 뜻을 가지고 反義 관계에
있다. 원문 중 '紡績之粗細'가 '질삼의 굵그며 ᄀᆞ눌다'로 번역된다. 따
라서 '굵다'와 'ᄀᆞ눌다'의 반의 관계는 명백히 입증된다.

    (9) a. 이 四空處ㅣ 業果앳 굴근 비츤 업고 定果앳 ᄀᆞᄂᆞᆫ 비치 잇ᄂᆞ니<月
    一 36a>

      b. 흔갓 질삼의 굵그며 ᄀᆞᄂᆞ로ᄆᆞᆯ 둘히 너기고(徒甘紡績之粗細ᄒ고)
    <內訓序 6b>

<10> 굵다/혁다

두 상태동사가 [大/小] 즉 '크다/작다'의 뜻을 가지고 反義 관계에 있
다. 원문 중 '大小'가 '굵근 이리며 혁근 일'로 번역된다. 따라서 '굵다'
와 '혁다'의 반의 관계는 명백히 입증된다. '굵다'는 [大]의 뜻뿐만 아니
라 [粗]의 뜻도 가진다.

    (10) a. 굴근 地獄이 여들비니(28b)…… '쏘 혁근' 地獄이 그지 업스니
    <月一 29b>

      b. 나랏사ᄅᆞ미 굵그니여 혁그니여 우디 아니ᄒ리 업더라<月十
    12b>

      c. 굴근 이리며 혁근 이ᄅᆞᆯ 모로매 舅姑ᄭᅴ 請홀디니라(大小ᄅᆞᆯ 必請

於舅姑ㅣ니라) <內訓一 57b>

<11> 貴ᄒ다/놀압다

두 상태동사가 [貴/賤] 즉 '귀하다/천하다'의 뜻을 가지고 反義 관계에 있다. 원문 중 '貴賤'이 '貴ᄒ며 놀압다'로 번역된다. 따라서 '貴ᄒ다'와 '놀압다'의 반의 관계는 명백히 입증된다.

(11) a. 貴ᄒ며 노아옴과 난 곧과 잇ᄂ 딜 알며(知貴賤과 出處와 及所在ᄒ며) <法華六 47b>

b. 世間앳 艱難ᄒ며 가ᅀᆞ멸며 貴ᄒ며 놀아오며 길며 뎌르며 受苦ᄅ외며 즐거우며(若世之貧富貴賤脩短 若苦樂이) <法華三 56a>

<12> 貴ᄒ다/賤ᄒ다

두 상태동사가 [貴/賤] 즉 '귀하다/천하다'의 뜻을 가지고 反義 관계에 있다. 원문 중 '貴之與賤'이 '貴홈과 賤홈'으로 번역된다. 따라서 '貴ᄒ다'와 '賤ᄒ다'의 반의 관계는 명백히 입증된다.

(12) a. 世間앳 艱難ᄒ며 가ᅀᆞ멸며 貴ᄒ며 賤ᄒ며 기리 살며 뎔이 살며 受苦ᄅ뷔며 즐거부미<月十三 59b>

b. 種姓의 貴홈과 賤호ᄆᆞᆯ 보디 마롤디니라(莫觀種姓의 貴之與賤이니라) <圓三之一 115b>

c. 또 貴ᄒ니와 賤ᄒ니왜 差等이 잇ᄂ니(且貴賤이 有等ᄒ니) <內訓一 79b>

d. 貴ᄒ며 賤혼 사ᄅᆞ미 다 物에 브리여 ᄃᆞ니ᄂ니(貴賤俱物役) <杜十四 33a>

<13> 길다/뎌르다

두 상태동사가 [長/短] 즉 '우수하다/모자라다'의 뜻을 가지고 反義
관계에 있다. 원문 중 '他人…長短'이 'ᄂᆞ미…길며 뎔우믈'로 번역된다.
따라서 '길다'와 '뎌르다'의 반의 관계는 명백히 입증된다.

(13) a. ᄂᆞ미 즐기며 아쳐르며 길며 뎔우믈 니ᄅᆞ디 말며(不說他人의 好
惡長短ᄒᆞ며) <法華五 34a>

<14> 길다/뎌르다

두 상태동사가 [脩/短]과 [長/短] 즉 '길다/짧다'의 뜻을 가지고 反義
관계에 있다. 원문 중 '脩短'이 '길며 뎌르다'로 번역되고 '長短'이 '길며
뎔오믈'로 번역된다. 따라서 '길다'와 '뎌르다'의 반의 관계는 명백히 입
증된다.

(14) a. 世間앳 艱難ᄒᆞ며 가ᅀᆞ멸며 貴ᄒᆞ며 놀아오며 길며 뎌르며 受苦ᄅᆞ
외며 즐거우며(若世之貧富貴賤脩短 若苦樂이) <法華三 56a>
b. 수미 길며 뎔오믈 아라(覺息長短) <圓下三之二 47b>
c. 위한 소뱃 곳 가지ᄅᆞᆯ 뎌르며 기로믈 므던히 너골디니(圓裏花枝
ᄅᆞᆯ 任短長이니) <南明上 22a>
d. 苦ᄅᆞ왼 曲調앳 뎌르며 긴 이푸미로다(苦調短長吟) <杜十四
15b>
e. 제 뎌르며 기로미 막디 아니ᄒᆞ니(自短長이 也不妨ᄒᆞ니) <金삼二
12a>
f. 곳 가지 제 뎌르며 기도다(花枝ㅣ 自短長이로다) <金삼二 12a>

<15> 길다/ᄲᆞ᷈ᄅ다

두 상태동사가 [賖/促] 즉 '느리다/빠르다'의 뜻을 가지고 反義 관계에 있다. 원문 중 '緣之賖促'이 '緣의 길며 ᄲᆞᆯ롬'으로 번역된다. 따라서 '길다'와 'ᄲᆞ᷈ᄅ다'의 반의 관계는 명백히 입증된다. '길다'는 [長]의 뜻뿐만 아니라 [賖]의 뜻도 가진다.

> (15) a. 各各 緣의 길며 ᄲᆞᆯ롬과 根의 너브며 조보몰 조ᄎᆞ시는 젼ᄎᆞ로(蓋
> 各隨箕緣之賖促과 根之廣狹故) <法華三 189b>

<16> 吉ᄒᆞ다/凶ᄒᆞ다

두 상태동사가 [吉/凶] 즉 '吉하다/凶하다' 뜻을 가지고 反義 관계에 있다. 명사들 '吉/凶'도 반의 관계에 있다. 원문 중 '吉人…凶人…'이 '吉ᄒᆞᆫ 사ᄅᆞᆷ…凶ᄒᆞᆫ 사ᄅᆞᆷ'으로 번역되고 '吉之謂…凶之謂…'가 '吉을 니ᄅᆞ다…凶을 니ᄅᆞ다'로 변역된다. 따라서 상태동사 '吉ᄒᆞ다/凶ᄒᆞ다'와 명사 '吉/凶'의 반의 관계는 명백히 입증된다.

> (16) a. 너희ᄃᆞᆯ흔 吉ᄒᆞᆫ 사ᄅᆞ미 ᄃᆞ외옷ᄒᆞ녀 凶ᄒᆞᆫ 사ᄅᆞ미 ᄃᆞ외옷ᄒᆞ녀<汝
> 等은 欲爲吉人乎아 欲爲凶人乎아) <內訓一 25b>
> b. 善이라 혼 거슨 吉을 닐오니오 不善이라 혼 거든 凶을 닐오닌 ᄃᆞᆯ
> 아롤디로다(是知善也者ᄂᆞᆫ 吉之謂也ㅣ오 不善也者ᄂᆞᆫ 凶之謂也
> ㅣ로다) <內訓一 24a>

<17> 깊다/녙다

두 상태동사가 [深/淺] 즉 '깊다/얕다'의 뜻을 가지고 反義 관계에 있다. 원문 중 '功深淺'이 '功이 녀트며 기품'으로 번역된다. 따라서 '깊다'

와 '녙다'의 반의 관계는 명백히 입증된다.

> (17) a. 功이 녀트며 기푸믈 조차(隨功深淺ᄒ야) <法華六 2b>
>
> b. 하며 져고과 기프며 녀톰 아로미 大將의 여러 가짓 兵馬ㅅ힘아
> 로미 ᄀ트니라<楞一 4b>

<18> ᄀ득ᄒ다/뷔다

두 상태동사가 [盈/虛] 즉 '넓다/좁다'의 뜻을 가지고 反義 관계에 있
다. 원문 중 '盈虛'가 'ᄀ득ᄒ며 뷔윰'으로 번역된다. 따라서 'ᄀ득ᄒ다'
와 '뷔다'의 반의 관계는 명백히 입증된다.

> (18) a. 뷘 거슬 자보ᄃᆡᄀ득ᄒᆫ 것 자봄 ᄀᆮ히 ᄒ며(執虛호ᄃᆡ如執盈ᄒ며)
> <內訓一 9b>
>
> b. 믈읫 스러디며 길며 ᄀ득ᄒ며 뷔윰 잇는 거시(凡有消長盈虛者
> ㅣ) <金삼二 6b>

<19> 넙다/좁다

두 상태동사가 [廣/狹] 즉 '넓다/좁다'의 뜻을 가지고 反義 관계에 있
다. 원문 중 '根之廣狹'이 '根의 너브며 조봄'으로 번역된다. 따라서 '넙
다'와 '좁다'의 반의 관계는 명백히 입증된다.

> (19) a. 各各 緣의 길며 뎔롬과 根의 너브며 조보믈 조ᄎ시ᄂᆞᆫ 젼ᄎ로(蓋
> 各隨箕緣之賒促과 根之廣狹故) <法華三 189b>

<20> 높다/ᄂᆞᆺ갑다

두 상태동사가 [高/下] 즉 '높다/낮다'의 뜻을 가지고 反義 관계에 있

다. 원문 중 '高下'가 '놉눗가이'로 번역된다. 따라서 '높다'와 '눗갑다'의 반의 관계는 명백히 입증된다.

(20) a. 노프니 눗가봇니 업더니 <月一 42b>

    b. 싸히 ㄱ장 드러치니 노프며 눗가볼 뒤업스며 <月二 33a~ 33b>

    c. 소리 놉도 눗갑도 아니ᄒ야 <月二 58b>

    d. 心地를 善히 平히 ᄒ야 놉눗가이 업수믈 表ᄒ시니라(表善平心地ᄒ야 無有高下也ㅣ라) <楞五 69b>

    e. 하ᄂᆞᆯ콰 싸쾌 爲ᄒ야 오래 눗갑거나 놉거나 ᄒ니라(天地爲之久低昂) <杜十六 47b>

<21> 短命ᄒ다/長壽ᄒ다

두 상태동사가 [夭/壽] 즉 '短命하다/長壽하다'의 뜻을 가지고 反義 관계에 있다. 원문 중 '夭壽'가 '短命ᄒ며 長壽ᄒ다'로 번역된다. 따라서 '短命ᄒ다'와 '長壽ᄒ다'의 반의 관계는 명백히 입증된다.

(21) a. 短命ᄒ며 長壽홀 萌芽ㅣ라(夭壽之萌也ㅣ라) <內訓一 78b>

<22> 둏다/사오납다

두 상태동사가 [實/虛] 즉 '실하다/허하다'의 뜻을 가지고 反義 관계에 있다. 원문 중 '虛實'이 '사오나옴 됴홈'으로 번역된다. 따라서 '둏다'와 '사오납다'의 반의 관계는 명백히 입증된다.

(22) a. 믈읫 ᄇᆞ룸 마즌(4b) 사ᄅᆞ미 긔운이 ᄂᆡᆼᄒ며 셜ᄒ며 긔운 사오나옴 됴호믈 혜디 말오 머그미 맛당ᄒ니(凡中風無問冷熱虛實皆可服) <救간一 5a>

<23> 두렵다/잊다

두 상태동사가 [圓/缺] 즉 '둥글다/이지러지다'의 뜻을 가지고 反義 관계에 있다. 원문 중 '月圓月缺'이 'ᄃ리 두려우며 ᄃ리 잊다'로 번역된다. 따라서 '두렵다'와 '잊다'의 반의 관계는 명백히 입증된다.

(23) a. 조ᄒᆞᆫ ᄃ리 두려ᄫᅥ 이즌 ᄃᆡ 업수미 곧ᄀᆞᆫ마ᄅᆞᆫ <月九 21b>

   b. ᄃ리 두려우며 ᄃ리 이즈며(月圓月缺ᄒᆞ며) <金삼二 6b>

<24> 智慧롭다/사오납다

두 상태동사가 '지혜롭다/어리석다'의 뜻을 가지고 反義 관계에 있다.

(24) a. 사오나ᄫᆞᆫ 사ᄅᆞ미 몰라 소가 貧ᄒᆞᆫ ᄆᆞᅀᆞ믈 내ᄂᆞ니 智慧ᄅᆞᄫᆡᆫ 사ᄅᆞ미 正히 슬펴 보면 겨지븨 모미 ᄭ움 곧(26a)ᄒᆞ며 곡도 곧ᄒᆞ도다 <釋三 26b>

   b. 양ᄌᆡ 端正ᄒᆞ고 眷屬이 ᄀᆞᄌᆞ며 聰明ᄒᆞ고 智慧ᄅᆞᄫᆡ며 勇猛코 게여ᄫᅳ미 큰 力士 ᄀᆞᄐᆞ니도 이시며 <釋九 20a>

   c. 네헨 尊코 智慧ᄅᆞᄫᆞ신 소리오 <釋二十四 19b>

<25> 만ᄒᆞ다/젹다

[豊, 多] 즉 '많다'의 뜻을 가진 '만ᄒᆞ다'가 [約, 少] 즉 '적다'의 뜻을 가진 '젹다'와 反義 관계에 있다. 원문 중 '豊約'이 '만ᄒᆞ며 져그샴'으로 번역된다. 따라서 '만ᄒᆞ다'와 '젹다'의 반의 관계는 명백히 입증된다. '젹다'에는 [少]의 뜻뿐만 아니라 [小]의 뜻도 있다.

(25) a. 니ᄅᆞ샤미 만ᄒᆞ며 져그샤미 겨시건뎡(說有豊約이어신뎡) <法華
三 189b>

<26> 멀다/갓갑다

두 상태동사가 [遠/近] 즉 '멀다/가깝다'의 뜻을 가지고 反義 관계에
있다. 원문 중 '遠近'이 '멀며 갓갑다'로 번역된다. 따라서 '멀다'와 '갓
갑다'의 반의 관계는 명백히 입증된다.

(26) a. ᄆᆞ슬히 멀면 乞食ᄒᆞ디 어렵고 하 갓가ᄫᆞ면 조티 ᄒᆞ리니 <釋六
23b>

b. 갓갑거나 멀어나 믈읫 잇ᄂᆞᆫ 香돌ᄒᆞᆯ 다 마타 <釋十九 17b>

c. 갓갑거나 멀어나 잇ᄂᆞᆫ 여러 香을 다시 시러 드러(若近若遠所有
諸香ᄋᆞᆯ 悉皆得聞ᄒᆞ야) <法華六 41a>

d. 이ᄂᆞᆫ 根ᄋᆞᆯ 조차 果 得호미 멀며 갓가ᄫᆞᆯ 자바 니ᄅᆞ시니라 <月
十七 27b>

e. 이ᄂᆞᆫ 根을 조차 果 得ᄒᆞ샤미 멀며 갓가오몰 자바 니(176b)ᄅᆞ시니
라(此ᄂᆞᆫ 約隨根得果遠近也ᄒᆞ시니라)<法華五 177a>

<27> 몱다/흐리다

두 상태동사가 [淸/濁] 즉 '맑다/흐리다'의 의 뜻을 가지고 反義 관계
에 있다. 원문 중 '淸濁'이 '몱ᄀᆞ며 흐리욤'으로 번역된다. 따라서 '몱다'
와 '흐리다'의 반의 관계는 명백히 입증된다.

(27) a. 몱ᄀᆞ며 흐리요매 일흘 배 업서(淸濁애 無所失ᄒᆞ야) <內訓一
38a>

<28> 바르다/빗다

두 상태동사가 [縱/橫] 즉 '바르다/비뚤다'의 뜻을 가지고 反義 관계에 있다. 원문 중 '不縱不橫'이 '바르디 아니ᄒᆞ며 빗디 아니ᄒᆞ다'로 번역된다. 따라서 '바르다'와 '빗다'의 반의 관계는 명백히 입증된다.

(28) a. 이 세히 바르디 아니ᄒᆞ며 빗디 아니ᄒᆞ며 굶디 아니ᄒᆞ며 各別티
아니ᄒᆞ며(此三不縱不橫不並不別) <圓上一之二 117b>

<29> 번ᄒᆞ다/어듭다

두 상태동사가 [明/暗] 즉 '밝다/어듭다'의 뜻을 가지고 反義 관계에 있다. 원문 중 '眼明'이 '누니 번ᄒᆞ다'로 번역된다. 따라서 '번ᄒᆞ다'와 '어듭다'의 반의 관계는 명백히 입증된다.

(29) a. 須達이…精誠이 고죽ᄒᆞ니 밤누니 번ᄒᆞ거늘(19a)…부터 向ᄒᆞᆫ
ᄆᆞᅀᆞ물 니즈니 누니 도로 어듭거늘 <釋六 19b>
b. 다 누니 번호라(俱眼明) <杜十 4a>

<30> 貧賤ᄒᆞ다/富貴ᄒᆞ다

두 상태동사가 [貧賤/富貴] 즉 '빈천하다/부귀하다'의 뜻을 가지고 反義 관계에 있다. 원문 중 '前貧賤 後富貴'가 '몬져 貧賤ᄒᆞ고 後에 富貴ᄒᆞ다'로 번역된다. 따라서 '貧賤ᄒᆞ다'와 '富貴ᄒᆞ다'의 반의 관계는 명백히 입증된다.

(30) a. 몬져 貧賤ᄒᆞ고 後에 富貴커든 내티디 마롤디니라(前貧賤이오
後富貴어든 不去ㅣ니라) <內訓一 87a>

<31> 붉다/어듭다

두 상태동사가 [明/暗] 즉 '밝다/어듭다'의 뜻을 가지고 反義 관계에 있다.

(31) a. 須達이(19a)…부텨 向ᄒᆞᆫ ᄆᆞᅀᆞ몰 니즈니 누니 도로 어듭거늘 (19b)…須達이…世尊을 念ᄒᆞᅀᆞᄫᆞ니 누니 도로 붉거늘〈釋六 20a〉

b. 어드본 딋(4b) 衆生도 다 볼고ᄆᆞᆯ 어더 〈釋九 5a〉

c. 어드운 ᄯᅡ히 다 붉게 호ᄃᆡ(使宴者ㅣ 皆明호ᄃᆡ) 〈楞一 5a〉

<32> 受苦롭다/즐겁다

두 상태동사가 [苦/樂] 즉 '수고롭다/즐겁다'의 뜻을 가지고 反義 관계에 있다. 원문 중 '苦樂'이 '受苦ᄅᆞ외며 즐겁다'로 번역된다. 따라서 '受苦롭다'와 '즐겁다'의 반의 관계는 명백히 입증된다.

(32) a. 世間앳 艱難ᄒᆞ며 가ᅀᆞ멸며 貴ᄒᆞ며 눌아오며 길며 뎌르며 受苦ᄅᆞ 외며 즐거우며(若世之 貧富貴賤脩短 若苦樂이) 〈法華三 56a〉

<33> 實ᄒᆞ다/虛ᄒᆞ다

두 상태동사가 [實/虛] 즉 '실하다/허하다'의 뜻을 가지고 反義 관계에 있다. 원문 중 '虛情'이 '虛ᄒᆞᆫ 情'으로 번역되고 '實質'이 '實ᄒᆞᆫ 얼굴'로 번역된다. 따라서 '實ᄒᆞ다'와 '虛ᄒᆞ다'의 반의 관계는 명백히 입증된다.

(33) a. 念慮ᄂᆞᆫ 虛ᄒᆞᆫ 情이라 色身ᄒᆞᆫ 實ᄒᆞᆫ 얼구리라(念慮ᄂᆞᆫ 虛情也ㅣ라

色身은 實質也] 라) <楞十 81b>

b. 무수믄 虛흔 像을 내어든 形은 實흔 物을 取하느니(心生虛像하거든 形取實物하느니) <楞十 81b>

c. 凡夫] 妄量으로 자바 實흔 것만 너겨 種種 모딘 罪業이 일로브터 날씩 <釋十三 38b>

d. 말옷 니르면 다 虛티 아니하니 <月十三 42>

e. 부톄 實티 아니흔 마리 업드며(佛無不實語하며) <法華五 106a>

f. 괴외하야 空寂하며 몰가 깁고 虛하며(蕭焉空寂하며 湛爾冲虛하며) <金삼 涵序 2a>

g. 虛妄하야 實티 몯하면(虛妄不實하면) <六祖上 88a>

h. 微妙흔 道는 虛코 기퍼(妙道는 虛玄하야) <六祖序 3a>

<34> 어렵다/쉽다

두 상태동사가 [難/易] 즉 '어렵다/쉽다'의 뜻을 가지고 反義 관계에 있다. 원문 중 '難易'가 '어려우며 쉬움'으로 번역된다. 따라서 '어렵다'와 '쉽다'의 반의 관계는 명백히 입증된다.

(34) a. 이 이리 어려우녀 쉬어녀(此事難易하니) <圓序 69b>

b. 또 이리 어려우며 쉬오미 잇느니(且事有難易하니) <內訓序 7a>

c. 이러셔미 어려우믄 하눌해 올옴 곧고 업더듀미 쉬우믄 터리 스롬 곧하니(成立之難은 如升天하고 覆墮之易는 如燎毛하니) <內訓一 34a>

<35> 어위다/좁다

두 상태동사가 [寬/陋] 즉 '넓다/좁다'의 뜻을 가지고 反義 관계에 있다. 원문 중 '從陋至寬'이 '조보물브터 어위요매 니르르다'로 번역된다. 따라서 '어위다'와 '좁다'의 반의 관계는 명백히 입증된다.

> (35) a. 東山애 祥瑞 나니 좁던 東山이 어위며 <月二 28b>
>   b. 어위며 衆 어드시리라(寬而得衆ᄒ시리라) <法華三 17b>
>   c. 조보물브터 어위요(41a)메 니르르시니라(從陋至寬ᄒ샤) <圓下 三之二 41b>
>   d. 迂闊ᄋᆫ 멀며 어월 씨라 <楞八 14b>

<36> 오라다/갓갑다

두 상태동사가 [久/近] 즉 '오래다/가깝다'의 뜻을 가지고 反義 관계에 있다. 원문 중 '久近'이 '오라며 갓가봄'으로 번역된다. 따라서 '오라다'와 '갓갑다'의 반의 관계는 명백히 입증된다. 여기서 '갓갑다'는 時間的인 것을 나타내지만 '멀다/갓갑다'에서는 空間的인 것을 나타낸다.

> (36) a. 엇데 오라며 갓가보매 다르리오(寧殊久近이리오) <月序 14b>
>   b. 久는 오롤 씨오 近ᄋᆫ 갓가볼 씨라 <月序 14a>

<37> 오목ᄒ다/블어나다

상태동사 '오목ᄒ다'와 '동작동사 '블어나다'가 [凹/凸] 즉 '오목하다/볼록하다'의 뜻을 가지고 反義 관계에 있다. 원문 중 '凹…凸'이 '오목ᄒ고…블어나다'로 번역된다. 따라서 '오목ᄒ다'와 '블어나다'의 반의 관계는 명백히 입증된다.

> (37) a. 左ᄂᆫ 오목ᄒ고 右ᄂᆫ 블어나믈 뉘 서르 알리오(左凹右凸을 誰想

죵리오) <南明下 22a>

<38> 잇다/없다

두 상태동사가 [有/無] 즉 '있다/없다'의 뜻을 가지고 反義 관계에 있다. 원문 중 '有…無'가 '잇느니잇가 업스니잇가'로 번역된다. 따라서 '잇다'와 '없다'의 반의 관계는 명백히 입증된다.

(38) a. 가히는 佛性이 잇느니잇가 업스니잇가(狗子는 還有佛性也ㅣ 잇가 無ㅣ 잇가) <蒙法 11b>

<39> 졈다/늙다

두 상태동사는 [少/老] 즉 '젊다/늙다'의 뜻을 가진 反義語 쌍이다.

(39) a. 녜 졈던 사룸도 오라면 늙느니 <釋三 17a>

   b. 孤는 져머셔 어버ᅀᅵ 업슨 사ᄅᆞ미오 獨은 늘구ᄃᆡ 子息업서 ᄒᆞ옷 모민 사ᄅᆞ미라 <釋六 13a>

   c. 늘그니며 져므니며 貴ᄒᆞ니 놀아ᄫᅳ니 <月二十一 40b>

   d. 져므며 늘구미 잇느녀 아니ᄒᆞ녀(有童耄아 不아) <楞二 10a>

<40> 縱ᄒᆞ다/橫ᄒᆞ다

두 상태동사가 [縱/橫] 즉 '곧다/비뚤다'의 뜻을 가지고 反義 관계에 있다. 원문 중 '縱橫'이 '縱커나 橫커나'로 번역되고 '縱橫'의 자석이 '고 드며 빗그다'이다. 따라서 '縱ᄒᆞ다'와 '橫ᄒᆞ다'의 반의 관계는 명백히 입증된다.

(40) a. 正体 如如ᄒᆞ야 縱커나 橫커나 호매 妙를 得ᄒᆞ야(正体如如ᄒᆞ야

縱橫애 得妙ᄒᆞ야) <蒙法 66a>

b. 縱橫은 고ᄃᆞ며 빗글 씨라 <蒙法 66a>

<41> 즐겁다/슬프다

두 상태동사가 [樂/哀] 즉 '즐겁다/슬프다'의 뜻을 가지고 反義 관계
에 있다. 원문 중 '樂……哀'가 '즐거우미…슬푸미…'로 번역되고 '哀
樂'이 '슬프며 즐거우며'로 번역된다. 따라서 '즐겁다'와 '슬프다'의 반
의 관계는 명백히 입증된다.

> (41) a. 즐거우미 ᄀᆞ장ᄒᆞ야 슬푸미 오니 ᄃᆞ리 東의셔 돋놋다(樂極哀來
> 月東出) <杜十六 48b>
> b. 슬프며 즐거우미 날로 ᄒᆞ마 니러나ᄂᆞ다(哀樂日已作) <杜十四
> 2b>
> c. 슬프며 즐거우미 本來 서르 버므렛도다(哀樂本相纏) <杜二十二
> 24b>

<42> 크다/젹다

두 상태동사가 [大/小] 즉 '크다/작다'의 뜻을 가지고 反義 관계에 있
다. 원문 중 '大小'가 '크며 젹다'로 번역되고 '小大'가 '져굼과 쿰'으로
번역된다. 따라서 '크다'와 '젹다'의 반의 관계는 명백히 입증된다. '젹
다'는 [小]의 뜻뿐만 아니라 [少]의 뜻도 가진다.

> (42) a. 모미 크긔 ᄃᆞ외야 虛空애 ᄀᆞ득ᄒᆞ야 잇다가 ᄯᅩ 젹긔 ᄃᆞ외며(釋六
> 34a>
> b. 킈 젹도 크도 아니ᄒᆞ고 <月一 26b>

c. 罪이 져그며 쿠므로 <月一 29b>

d. 크며 져근 名相이(大小名相이) <楞一 8a>

e. 져굼과 쿰과롤 서르 드리샤(小와 大와롤 相容ᄒ샤) <楞四 46a>

f. ᄒ나콰 함과 져굼과 쿠매(於一多小大예) <楞四 47a>

g. 크닌 나라홀 배며 지블 亡ᄒ고 져그니도 오히려 六親을 여희에
ᄒᄂ니(大者則覆國亡家ᄒ고 小者도 猶六親을 離間ᄒᄂ니) <內
訓一 2a>

<43> 하다/젹다

두 상태동사가 [多/少] 즉 '많다/적다'의 뜻을 가지고 反義 관계에 있
다.

(43) a. 이 大施主의 功德이 하녀 져그녀 <釋十九 4a>

b. 이 大施主의 得혼 功德이 하녀 몯 하녀(是大施의 所得功德이 寧
爲多아 不아) <法華六 8b>

c. 그 우히 漸漸 하아 四禪天애 가면 못 져근 모수미사 一百스믈 다
슷 大劫이오 <月一 38a>

d. 量은 하며 져구믈 되는 거시라 <月九 7b>

2.2. 重疊 反義語

중첩 반의어들은 모두 評價的 兩極性을 그것들의 의미의 일부분
으로 가진다. 한 항은 칭찬이고(예, good, pretty, polite, kind, clean,
safe, honest) 다른 항은 비난이다(예, bad, plain, rude, cruel, dirty,
dangerous, dishonest).

중첩 반의어에는 [貴/賤] 즉 '귀하다/천하다'의 뜻을 가진 '貴ㅎ다/눌압다'를 비롯하여 [貴/劣] 즉 '낫다/못하다'의 뜻을 가진 '貴ㅎ다/사오납다' 등 22 항목이 있다.

<1> 貴ㅎ다/눌압다

두 상태동사가 [貴/賤] 즉 '귀하다/천하다'의 뜻을 가지고 反義 관계에 있다. 원문 중 '貴賤'이 '貴ㅎ며 눌압다'로 번역된다. 따라서 '貴ㅎ다'와 '눌압다'의 반의 관계는 명백히 입증된다.

    (1) a. 貴ㅎ며 눌아ᄫᆞ니 업시 <月廿一 196a>
        b. 貴ㅎ며 눌아오며 빗 나며 빗 업수미 ᄀᆞᆮ디 아니ㅎ니(貴賤華質之不
          同이) <法華一 218a>
        c. 눌아오니 貴ㅎ니 셤교ᄆᆞᆯ(賤事貴호ᄆᆞᆯ) <內訓一 50b>

<2> 貴ㅎ다/사오납다

두 상태동사가 [貴/劣] 즉 '낫다/못하다'의 뜻을 가지고 反義 관계에 있다.

    (2) a. ᄆᆞᆺ 貴ᄒᆞᆫ 氣韻이 須彌山이 ᄃᆞ외오 버근 氣韻은 닐굽 山이 ᄃᆞ외오
         ᄆᆞᆺ 사오나ᄫᆞᆫ 氣韻이 네 天下ㅣ ᄃᆞ외야 <月一 41b>

<3> 貴ㅎ다/賤ㅎ다

두 상태동사가 [貴/賤] 즉 '귀하다/천하다'의 뜻을 가지고 反義 관계에 있다. 원문 중 '貴賤'이 '貴ㅎ니와 賤ㅎ니'로 번역된다. 따라서 '貴ㅎ다'와 '賤ㅎ다'의 반의 관계는 명백히 입증된다.

(3) a. 또 貴ㅎ니와 賤ㅎ니왜(且貴賤이) <內訓一 79b>

<4> 늘다/사오납다

두 상태동사가 [優/劣] 즉 '낫다/못하다'의 뜻을 가지고 反義 관계에 있다. 원문 중 '優劣'이 '느룸과 나오나봄'으로 번역된다. 따라서 '늘다'와 '사오납다'의 반의 관계는 명백히 입증된다.

(4) a. 느룸과 사오나봄과룰 一定훓딘댄 <釋十九 10a>
   b. 優劣을 一定훓딘댄 <月十七 56b>
   c. 優劣을 一定홀띤댄 <法華六 26a>
   d. 優는 더을 씨오 劣은 사오나볼 씨라 <月十七 57a>

예문들(4a)와 (4d)에서 '더으다'가 [優]의 뜻을 가지고 '늘다'와 동의 관계에 있다는 것을 그리고 '더으다'가 '사오납다'와 반의 관계에 있다는 것을 알 수 있다.

<5> 둏다/골없다

두 상태동사가 [好/醜] 즉 '좋다/醜하다'의 뜻을 가지고 反義 관계에 있다. 원문 중 '好…醜'가 '됴커나 골없다'로 번역된다. 따라서 '둏다'와 '골없다'의 반의 관계는 명백히 입증된다.

(5) a. 拘翅羅ᄂ 양지 골업수ᄃᆡ소리 됴흔 새라 <釋三 32b>
   b. 天人이 어딜며 사오나봄과 싸히 골업스며 됴호몰 닐어시놀 <月八 59b>
   c. 됴커나 골업거나 美커나 美티 몯거나(若好커나 若醜커나 若美커나 不美커나) <法華六 51b>

<6> 둏다/궂다

두 상태동사가 [好/醜] 즉 '좋다/추하다'의 뜻을 가지고 反義 관계에 있다. 원문 중 '好…醜'가 '둏다…궂다'로 번역된다. 따라서 '둏다'와 '궂다'의 반의 관계는 명백히 입증된다.

⑹ a. 됴흔 業이며 구즌 業엣 果報를 다 싱각ᄒᆞ야 <釋九 31a>
   b. 됴커나 궂거나 아룸답거나 아룸다디 아니커나 <釋十九 20a>
   c. 됴커나 골업거나 美커나 美티 몯거나(若好커나 苦醜커나 美커나 不美커나) <法華六 51b>
   d. 제 지순 이릭 됴ᄒᆞ며 구주ᄆᆞ로 後에 됴ᄒᆞ며 구즌 가포믈 얻ᄂᆞ니라 <月序 3a>

例文(6b)는 (5b)와 마찬가지로 同一 原文의 번역이다. 여기서 '골없다'와 '궂다'가 [醜]의 뜻을 가진 동의어라는 것을 알 수 있다.

<7> 둏다/멎다

두 상태동사가 [善/惡] 즉 '좋다/나쁘다'의 뜻을 가지고 反義 관계에 있다.

⑺ a. 됴흔 일 지운 因緣으로 後生애 됴흔 몸 두외오 머즌 일 지순 因緣으로 後生애 머즌 몸 두외야 <月二 16a>
   b. 머즌 ᄭᅮ미며 믈읫 됴치 몯흔 이리 다 업서 <釋九 24a>

<8> 둏다/모딜다

두 상태동사가 [善/惡] 즉 '좋다/나쁘다'의 뜻을 가지고 反義 관계에

있다. 원문 중 '惡…善'이 '모딘 일…됴혼 일'로 번역된다. 따라서 '됴다'
와 '모딜다'의 반의 관계는 명백히 입증된다.

(8) a. 모딘 힁뎌글 브리고 됴흔 法을 닷가<釋九 14b>

　　b. 太子ㅣ 端正ᄒ고 性이 됴하(18a)…그쁴 여슷 大臣이 이쇼ᄃᆡ性이
　　　모디러 太子ᄅᆞᆯ 새와 ᄒᆞ더라 <釋十一 18b>

　　c. 모딘 일 보고 됴흔 일 닷ᄀᆞ니ᄂᆞᆫ 漸漸 東西北洲와 四王 忉利天에
　　　가 나니 <月一 46b>

　　d. 모딘 이리 젹다 호ᄆᆞ로 ᄒᆞ디 말며 됴흔 이리 젹다 호ᄆᆞ로 마디 말
　　　라(勿以惡小而爲之ᄒᆞ며 勿以善小而不爲ᄒᆞ라) <內訓一 34b>

<9> 됴다/사오납다

두 상태동사가 [善/惡] 즉 '좋다/나쁘다'의 뜻을 가지고 反義 관계에
있다.

(9) a. 業은 이러니 됴흔 일 지스면 됴흔 몸 ᄃᆞ외오 사오나ᄫᆞᆫ 일 지스면
　　　사오나ᄫᆞᆫ 몸 ᄃᆞ외요미 業果ㅣ라 <月一 37b>

<10> 智慧롭다/사오납다

두 상태동사가 '지혜롭다/어리석다'의 뜻을 가지고 反義 관계에 있
다.

(10) a. 사오나ᄫᆞᆫ 사ᄅᆞ미 몰라 소가 貪흔 ᄆᆞᅀᆞᄆᆞᆯ 내ᄂᆞ니 智慧ᄅᆞᄫᆫ 사ᄅᆞ
　　　미 正히 ᄉᆞᆯ펴 보면 겨지븨 모미 꿈 ᄀᆞᆮ(26a)ᄒᆞ며 곡도 ᄀᆞᆮᄒᆞ도다
　　　<釋三 26b>

<11> 어딜다/사오납다

두 상태동사가 [明/闇]과 [長/短] 즉 '어질다/어리석다'의 가지고 反義 관계에 있다. 원문 중 '明闇'과 '長短'이 '어딜며 사오나옴'으로 번역된다. 따라서 '어딜다'와 '사오납다'의 반의 관계는 명백히 입증된다.

(11) a. 제 사오나볼몰 붓그려 어디로물 위아돌 씨 慚이오 <釋十一 43a>
     b. 네 아ᄃᆞ른 어딜거늘 내 아ᄃᆞ리 비록 무디라도 사오나볼씨<月二 5b>
     c. 天人이 어딜며 사오나봄과 싸히 골업스며 됴호물 닐어시놀 <月八 59b>
     d. 비록 남자늬 어딜며 나오나오매 關係ᄒᆞ나 ᄯᅩ 겨지븨 어딜며 사오나오매 브튼 디라(雖關夫主之明聞ᄒᆞ나 亦繫婦人之藏否ㅣ라) <內訓序 6a>
     e. 사ᄅᆞ미(37a) 어딜며 사오나오물 즐겨 議論ᄒᆞ며(好議論人이 長短ᄒᆞ며) <內訓一 37b>

<12> 어딜다/외다

두 상태동사가 [善/惡] 즉 '어질다/그르다'의 뜻을 가지고 反義 관계에 있다. 원문 중 '其惡…其善'이 '그 왼 일…그 어딘 일'로 번역된다. 따라서 '어딜다'와 '외다'의 반의 관계는 명백히 입증된다.

(12) a. ᄃᆞ소ᄃᆡ그 왼 이룰 알며 믜요ᄃᆡ그 어딘 이룰 알며(愛而知其惡ᄒᆞ며 憎而知其善ᄒᆞ며) <內訓一 7b>

<13> 올ᄒᆞ다/외다

두 상태동사가 [是/非] 즉 '옳다/그르다'의 뜻을 가지고 反義 관계에 있다. 원문 중 '是非'가 '외니 올ᄒᆞ니'로 번역된다. 따라서 '올ᄒᆞ다'와 '외다'의 반의 관계는 명백히 입증된다.

> (13) a. 나옷 외면 아(36b)기와 나와 ᄒᆞᆫ쁴 죽고 올ᄒᆞ면 하ᄂᆞᆯ히 본즈을 ᄒᆞ시리라 <釋三 37a>
>
> b. 제 올호라 ᄒᆞ고 ᄂᆞ물 외다 ᄒᆞ야 <釋九 14a>
>
> c. 그 後에ᅀᅡ 외니 올ᄒᆞ니 이긔니 계우니 홀 이리 나니라 <月一 42b>
>
> d. 妄量으로 正ᄒᆞᆫ 法을 외니 올ᄒᆞ니 호미(妄是非定法이) <內訓一 37a>

<14> 正ᄒᆞ다/갓ᄀᆞᆯ다

두 상태동사가 [正/倒] 즉 '바르다/거꾸로 되다'의 뜻을 가지고 反義 관계에 있다. 원문 중 '誰正誰倒'가 '뉘 正ᄒᆞᆫ디 뉘 갓ᄀᆞᆫ디'로 번역된다. 따라서 '正ᄒᆞ다'와 '갓ᄀᆞᆯ다'의 반의 관계는 명백히 입증된다.

> (14) a. 正ᄒᆞ녀 갓ᄀᆞ녀(爲正가 爲倒아) <楞二 12a>
>
> b. 나는 뉘 正ᄒᆞᆫ디 뉘 갓ᄀᆞᆫ디 아디 ᄒᆞ노이다(我는 不知誰正誰倒ᄒᆞ노이다) <楞二 12a>
>
> c. 갓ᄀᆞᆯ옴 업슨 正ᄒᆞᆫ 아로미시니(無倒正知시니) <圓下一二 46a>

<15> 正ᄒᆞ다/邪曲ᄒᆞ다

두 상태동사가 [正/邪曲] 즉 '바르다/邪曲하다'의 뜻을 가지고 反義 관계에 있다.

(15) a. 그 저긔 舍衛國엣 사루미 邪曲흔 道理롤 信호야 正흔 法 구루쵸
미 어렵더니 <釋六 21b>

<16> 正호다/邪호다

두 상태동사가 [正/邪] 즉 '바르다/옳지 아니하다'의 뜻을 가지고 反
義 관계에 있다. 원문 중 '邪則…正則'이 '邪호면…正호면'으로 번역된
다. 따라서 '正호다'와 '邪호다'의 반의 관계는 명백히 입증된다.

(16) a. 邪호면 苦애 나사가고 正호면 樂애 가누니(邪則就苦호고 正則
歸樂호누니) <永嘉上 51b>

<17> 좋다/더럽다

두 상태동사가 [淨/穢]와 [鮮潔/塵穢] 즉 '깨끗하다/더럽다'의 뜻을
가지고 反義 관계에 있다. 원문 중 '淨穢'가 '조호니 더러우니'로 번역
되고 '塵穢…鮮潔'이 '더러운 것…좋다'로 번역된다. 따라서 '좋다'와
'더럽다'의 반의 관계는 명백히 입증된다.

(17) a. 조흔 나라히며 더러톤 나라히며 제여곰 氣質을 조추샤 <月二
55a>
b. 이제 몯주봇딕 淫慾은 더럽고 佛道논 조커시니 더러톤 이롤 조흔
道ㅣ라 호리잇고 <月九 24a>
c. 조호니 더러우니 刹刹尊姓과(32a) 旃陀羅롤 묻디 아니호야(無
問淨穢刹刹尊姓과 及旃陀羅호야) <楞一 32b>
d. 더러운 거(14b)슬 시서 옷과 꾸뮤미 조호며(盥浣塵穢호야 服飾
이 鮮潔호며) <內訓一 15a>

<18> 眞實ᄒ다/妄ᄒ다

두 상태동사가 [眞/妄] 즉 '진실하다/망녕되다'의 뜻을 가지고 反義 관계에 있다. 원문 중 '眞妄'이 '眞實ᄒ며 妄ᄒ다'로 번역된다. 따라서 '眞實ᄒ다'와 '妄ᄒ다'의 반의 관계는 명백히 입증된다.

(18) a. 身心이 眞實ᄒ며 妄호믈(身心眞妄을) <楞二 2a>

<19> 淸淨ᄒ다/더럽다

두 상태동사가 [淸淨/染] 즉 '깨끗하다/더럽다'의 뜻을 가지고 反義 관계에 있다. 원문 중 '淸淨…染'이 '淸淨ᄒ야 더러움'으로 번역된다. 따라서 '淸淨ᄒ다'와 '더럽다'의 반의 관계는 명백히 입증된다.

(19) a. 淸淨ᄒ야 더러우미 업서(淸淨無染ᄒ야) <楞一 3b>

<20> 賢ᄒ다/모딜다

두 상태동사가 [賢/惡] 즉 '어질다/악하다'의 뜻을 가지고 反義 관계에 있다. 원문 중 '賢…惡'이 '賢ᄒ닐…모디닐'로 번역된다. 따라서 '賢ᄒ다'와 '모딜다'의 반의 관계는 명백히 입증된다.

(20) a. 賢ᄒ닐 親히 호ᄃᆡ靈芝蘭草애 나ᅀᅡ감 ᄀ티 ᄒ고 모디닐 避호ᄃᆡ 븨얌 쇠야기 저홈 ᄀ티 ᄒᄂ니(親賢호ᄃᆡ如就芝蘭ᄒ고 避惡호ᄃᆡ 如畏蛇蠍ᄒᄂ니) <內訓一 24b>

<21> 賢ᄒ다/不肖ᄒ다

두 상태동사가 [賢/不肖] 즉 '어질다/못나고 어리석다'의 뜻을 가지

고 反義 관계에 있다. 원문 중 '苟賢…苟爲不肖'가 '眞實로 어딜면…眞
實로 不肖ᄒ면'으로 번역된다. 따라서 '賢ᄒ다'와 '不肖ᄒ다'의 반의 관
계는 명백히 입증된다.

(21) a. 長生인 不肖ᄒᆯ씨…尼樓는 賢ᄒᆯ씨 <月曲 11>
　　 b. 眞實로 어딜면 이제 비록(80b) 가난코 놀이온ᄃᆞᆯ 다ᄅᆞᆯ 시절에 富
　　　　 貴티 아니호ᇙ ᄃᆞᆯ 엇뎨 살리오. 眞實로 不肖ᄒ면 어제 비록 富貴
　　　　 ᄒᆞᆯ 다ᄅᆞᆫ 시절에 貧賤티 아니호ᇙ ᄃᆞᆯ 엇뎨 살리오(苟賢矣면 今雖
　　　　 貧賤ᄒᆞᆫᄃᆞᆯ 安知異時예 不富貴乎ㅣ리오 苟爲不肖ㅣ면 今雖富貴
　　　　 ᄒᆞᆯ 安知異時예 不貧賤乎ㅣ리오 <內訓一 81a>

<22> 好ᄒ다/醜ᄒ다

두 상태동사가 [好/醜] 즉 '좋다/추하다'의 뜻을 가지고 反義 관계에
있다. '好ᄂᆞᆫ 됴ᄒᆞᆯ 씨오 醜ᄂᆞᆫ 골업슬 씨라 <月十七 68a>'에서 固有語들
'둏다, 골없다'가 각각 漢字語들 '好ᄒ다, 醜ᄒ다'와 동의 관계에 있다
는 것을 알 수 있다.

(22) a. 好(67b)커나 醜커나 <月十七 68a>
　　 b. 好ᄂᆞᆫ 됴ᄒᆞᆯ 씨오 醜ᄂᆞᆫ 골업슬 씨라 <月十七 68a>

2.3. 等價 反義語

모든 등가 반의어들은 수는 많지 않지만 主觀的 감각이나 감정(예,
hot/cold, happy/sad)을 또는 客觀的 기준보다는 주관적 반응에 바탕
을 둔 評價(예, nice/nasty, pleasant/unpleasant)를 뚜렷이 가리킨다.

등가 반의어에는 [甜/苦] 즉 '달다/쓰다'의 뜻을 가진 '둘다/쓰다'를 비롯하여 [炎/寒] 즉 '뜨겁다/차다'의 뜻을 가진 '덥다/ᄎ다'와 [熱/冷] 즉 '뜨겁다/차다'의 뜻을 가진 '셜ᄒ다/링ᄒ다'와 [樂/辛苦] 즉 '즐겁다/수고롭다'의 뜻을 가진 '즐겁다/受苦ᄅ뷔다'가 있다.

<1> 둘다/쓰다

두 상태동사가 [甜/苦] 즉 '달다/쓰다'의 뜻을 가지고 反義 관계에 있다. 원문 중 '甜苦'가 '둘며 쓰다'로 번역된다. 따라서 '둘다'와 '쓰다'의 반의 관계는 명백히 입증된다.

    (1) a. 둘며 뿌믈브터(由甜與苦로) <楞三 9a>

       b. ᄯ 엇데 둘며 쓴 두 相을 알며(復云何知甜苦二相이며) <楞三 10b>

       c. 네 네 혀를 맛보라 ᄃ녀 쓰녀(汝自嘗舌ᄒ라 爲甜가 爲苦아) <楞三 49b>

<2> 덥다/ᄎ다

두 상태동사가 [炎/寒] 즉 '뜨겁다/차다'의 뜻을 가지고 反義 관계에 있다. 원문 중 '冷熱'이 'ᄎ과 더움'으로 번역된다. 따라서 '덥다'와 'ᄎ다'의 반의 관계는 명백히 입증된다.

    (2) a. 寒冰은 ᄎ 어르미오 炎火는 더븐 브리라 <月一 29b>

       b. 모미 겨ᅀ렌 덥고 녀르멘 ᄎ고 <月一 26b>

       c. 왼녀건 덥고 올ᄒ녀건 ᄎ더라 <月二 39b>

       d. 두 소니 ᄎ과 더움괘 서르 섯기(二手ㅣ 冷熱이 相涉ᄒ야) <楞三

12a>

   e. 더운 거시 츠닐 좃고(熱者ㅣ 從冷ᄒ고) <楞三 11b>

<3> 셜ᄒ다/링ᄒ다

두 상태동사가 [熱/冷] 즉 '뜨겁다/차다'의 뜻을 가지고 反義 관계에 있다. 원문 중 '冷熱'이 '링ᄒ며 셜ᄒ다'로 번역된다. 따라서 '셜ᄒ다'와 '링ᄒ다'의 반의 관계는 명백히 입증된다.

   (3) a. 과글이 죽고 壯히 熱ᄒ닐(卒死而壯熱者) <救方上 26a>
      b. 쏘 胃脘애 痰이 담겨 冷ᄒᆫ 氣分이 디르저겨 알프닐 고티ᄂ니(兼治胃脘停痰冷氣刺痛) <救方上 6a>
      c. 뫼 니브리 여러 ᄒᆡ롤 冷호미 쇠 ᄀᆮᄒ니(布衾多年冷似鐵) <杜六 42b>
      d. 蜀앳 사괴(17b)야 노ᄂ 사ᄅᆞ미 冷호물 아쳗고(厭蜀交遊冷) <杜十四 48a>
      e. 믈읫 ᄇᆞ룸 마존(4b) 사ᄅᆞ미 긔운이 닝ᄒ며 셜ᄒ며 긔운 사오나옴 됴호물 혜디 말오 머그미 맛당ᄒ니(凡中風無問冷熱虛實皆可服) <救간一 5a>
      f. 사ᄅᆞ미 그 병즁의 경ᄒ며 듕ᄒ며 링ᄒ며 셜호물 짐쟉ᄒ야 쓰라(在人斟酌輕重冷熱而投之) <救간一 68a>

<4> 즐겁다/受苦ᄅᆞ뷔다

두 상태동사가 [樂/辛苦] 즉 '즐겁다/수고롭다'의 뜻을 가지고 反義 관계에 있다. '極樂'의 자석 'ᄀᆞ장 즐겁다'이고 '辛苦受'가 '受苦ᄅᆞ외요물 受ᄒ디'로 번역된다. 따라서 '즐겁다'와 '受苦ᄅᆞ뷔다'의 반의 관계는 명백히 입증된다.

(4) a. 하늘(33b)히 현마 즐겁고도 福이 다ᄋ면 도라 ᄂ려 ᄆᆞᄎᆞ맨 受苦
　　 ᄅᆞ뷘 길ᄒᆞ로 가ᄂᆞ니 <釋三 34a>

　 b. 受(35a)蘊은 受苦ᄅᆞ뷔며 즐거ᄫᅳ며 受苦롭도 즐겁도 아니호ᄆᆞᆯ 바
　　 돌 씨오 <月一 35b>

　 c. 婬欲앳 이론…즐거부ᄆᆞᆫ 적고 受苦ㅣ 하ᄂᆞ니 <月七 18a>

　 d. 極樂은 ᄀᆞ장 즐거ᄫᅳᆯ 씨라 <阿彌 5b>

　 e. 能이 東山애 法 得ᄒᆞ야 受苦ᄅᆞ외(46b)요ᄆᆞᆯ 다 受ᄒᆞ야(能이 於東
　　 山애 得法ᄒᆞ야 辛苦受盡ᄒᆞ야) <六祖上 47a>

2.4. 動作動詞 對立語

한 무리의 動作動詞 對立語들은 hot/cold와 같은 等價 반의어들과
많은 특징들을 共有한다.[6]

like/dislike를 고찰해 보자. 그것들은 심리적 상태를 나타낸
다.(happy/sad 참조). 그것들은 완전하게 등급적이다(I quite like
it, I like her enormously). 그리고 대립하는 양극 사이에 中立地域
(neutral area)이 존재한다. (I neither like nor dislike her-she leaves
me totally in different). 그 항들간의 관계는 hot와 cold간의 관계처
럼 대립 방향에서 바깥쪽으로 향하는 두 개의 비중첩적 척도로 모형화
될 수 있다.

---

6) Cruse 1986 : 271.

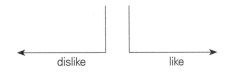

이 型의 다른 예들은 despise/admire 및 approve/disapprove이다. please/displease는 구조적 관계에서는 유사하지만 경험자가 직접 목적어라는 것에서 상이하다.

동작동사 대립어에는 [讚/毁] 즉 '기리다/헐뜯다'의 뜻을 가진 '기리다/할아다'를 비롯하여 [深/淺] 즉 '깊게 하다/얕게 하다'의 뜻을 가진 '기피다/녀토다' 등 13 항목이 있다.

<1> 기리다/할아다

두 동작동사가 [讚/毁] 즉 '기리다/헐뜯다'의 뜻을 가지고 反義 관계에 있다. 원문 중 '毁譽'가 '할아며 기리다'로 번역된다. 따라서 '기리다'와 '할아다'의 반의 관계는 명백히 입증된다.

    (1) a. 저를 기리고 ᄂᆞ몰 할아디 아니호미오(不自讚毁他) <圓上二之二 15b>

       b. 외니 올ᄒᆞ니 ᄒᆞ며 할아(12b)며 기리논 ᄉᆞᅀᅵ예(是非毁譽間애) <內訓一 13a>

<2> 기리다/헐다

두 동작동사가 [讚/毁] 즉 '기리다/헐뜯다'의 뜻을 가지고 反義 관계에 있다. '헐다, 할아다'는 [毁] 즉 '헐뜯다'를 뜻하는 동의어이다.

(2) a. 믈읫 有情이 貪(15a)ᄒᆞ고 새옴 볼라 제 모몰 기리고 ᄂᆞᄆᆞᆯ 허러 <釋九 15b>

<3> 기피다/녀토다

두 동작동사가 [深/淺] 즉 '깊게 하다/얕게 하다'의 뜻을 가지고 反義 관계에 있다. 원문 중 '淺又深'이 '녀토시고 ᄯᅩ 기피시다'로 번역된다. 따라서 '기피다'와 '녀토다'의 반의 관계는 명백히 입증된다.

(3) a. 바ᄅᆞ래 빈 업거늘 녀토시고 ᄯᅩ 기피시니(海無舟矣旣淺又深) <龍 20>

<4> 깄다/분별ᄒᆞ다

두 동작동사가 [喜/患] 즉 '기뻐하다/근심하다'의 뜻을 가지고 反義 관계에 있다. 원문 중 '喜故人來'가 '故人이 오몰 깄다'로 번역되고 '患 六道之輪廻'가 '六道 輪廻롤 분별ᄒᆞ다'로 번역된다. 따라서 '깄다'와 '분별ᄒᆞ다'의 반의 관계는 명백히 입증된다.

(4) a. 耶輸ㅣ 보시고 ᄒᆞ녀ᄀᆞ론 분별ᄒᆞ시고 ᄒᆞ녀ᄀᆞ론 깄거 <釋六 3a>
   b. 六道 輪廻홀 분별ᄒᆞ며(患六道之輪廻ᄒᆞ며) <永嘉下 40a>
   c. 故人이 오몰 깃노니(喜故人來) <杜二十一 7a>

<5> 깄다/아쳗다

두 동작동사가 [悅/厭] 즉 '기뻐하다/싫어하다'의 뜻을 가지고 反義 관계에 있다. 원문 중 '厭之…悅之'가 '아쳗고…깄다'로 번역된다. 따라서 '깄다'와 '아쳗다'의 반의 관계는 명백히 입증된다.

(5) a. 제 모매 는ᄒᆞ닐 아쳗고 제 모매 諂ᄒᆞ릴 깃그며(勝己者롤 厭之ᄒᆞ

고 佞己者를 悅之ᄒ며) <內訓一 32b>

<6> 動ᄒ다/靜ᄒ다

두 동작동사가 [動/靜] 즉 '움직이다/움직이지 않다'의 뜻을 가지고 反義 관계에 있다. 원문 중 '誰動誰靜'이 '뉘 動ᄒ며 뉘 靜ᄒ다'로 번역된다. 따라서 '動ᄒ다'와 '靜ᄒ다'의 반의 관계는 명백히 입증된다.

(6) a. 부톄 니ᄅ샤ᄃᆡ뉘 動ᄒ며 뉘 靜ᄒ느뇨(佛言ᄒ샤ᄃᆡ誰動誰靜고)
    <楞一 109a>
   b. 動ᄒ면 苦樂이 일오 靜ᄒ면 平平이니(動ᄒ면 成苦樂ᄒ고 靜ᄒ면
    則平平이니) <永嘉上 21b>

<7> 둧다/믜다

두 동작동사가 [愛/憎] 즉 '사랑하다/미워하다'의 뜻을 가지고 反義 관계에 있다. 원문 중 '愛…憎'이 'ᄃᆞ소ᄃᆡ…믜요ᄃᆡ'로 번역된다. 따라서 '둧다'와 '믜다'의 반의 관계는 명백히 입증된다.

(7) a. 捨는 ᄇ릴 씨니 믜디 아니ᄒ며 둧디 아니ᄒ야 平等ᄒᆫ ᄆᆞᅀᆞ미라
    <月九 42a>
   b. ᄃᆞ소ᄃᆡ그 왼 이ᄅᆞᆯ 알며 믜요ᄃᆡ그 어딘 이ᄅᆞᆯ 알며(愛而知其惡ᄒ며
    憎而知其善ᄒ며) <內訓一 7b>

<8> 맛들다/아쳗다

두 동작동사가 [任/厭] 즉 '좋아하다/싫어하다'의 뜻을 가지고 反義 관계에 있다. 원문 중 '所堪任'이 '이긔여 맛들 것'으로 번역되고 '厭生

死苦'가 '生死苦롤 아쳐러'로 번역된다. 따라서 '맛들다'와 '아쳗다'의
반의 관계는 명백히 입증된다.

(8) a. 이긔여 맛들 꺼시 업서(無所堪任ᄒᆞ야) <法華二 178a>
  b. 生死苦롤 아쳐더(厭生死苦ᄒᆞ야) <法華一 97b>
  c. 맛드논 사ᄅᆞᄆᆞ란 貴히 ᄒᆞ고 아쳗논 사ᄅᆞᄆᆞ란 주기더니 <內訓序 3b>

<9> 스러디다/길다

두 동작동사가 [消/長] 즉 '사라지다/자라다'의 뜻을 가지고 反義 관
계에 있다. 원문 중 '消長'이 '스러디며 길다'로 번역된다. 따라서 '스러
디다'와 '길다'의 반의 관계는 명백히 입증된다.

(9) a. 믈읫 스러디며 길며 ᄀᆞ득ᄒᆞ며 뷔윰 잇는 거시(凡有消長盈虛者ㅣ)
    <金삼二 6b>

<10> 외다 ᄒᆞ다/졉다

동작동사구 '외다 ᄒᆞ다'와 동작동사 '졉다'가 [責/恕] 즉 '그르다 하다/
용서하다'의 뜻을 가지고 反義 관계에 있다. 원문 중 '責人之心'이 'ᄂᆞᆷ
외다 ᄒᆞᄂᆞᆫ ᄆᆞᅀᆞᆷ'으로 번역되고 '恕己之心'이 '제 몸 졉ᄂᆞᆫ ᄆᆞᅀᆞᆷ'으로 번
역된다. 따라서 '외다 ᄒᆞ다'와 '졉다'의 반의 관계는 명백히 입증된다.

(10) a. 오직 샹녜 ᄂᆞᆷ 외다 ᄒᆞ논 ᄆᆞ(35a)ᅀᆞᄆᆞ로 제 몸을 외다 ᄒᆞ고 제 몸
    졉ᄂᆞᆫ ᄆᆞᅀᆞᄆᆞ로 ᄂᆞ물 져브면(但常以責人之心ᄋᆞ로 責己ᄒᆞ고 恕己
    之心ᄋᆞ로 恕人ᄒᆞ면) <內訓一 35b>

<11> 젖다/ᄆᆞᄅᆞ다

두 동작동사가 [濡/乾] 즉 '젖다/마르다'의 뜻을 가지고 反義 관계에 있다. 원문 중 '濡肉'이 '저즌 고기'로 번역되고 '乾肉'이 'ᄆᆞ른 고기'로 번역된다. 따라서 '젖다'와 'ᄆᆞ르다'의 반의 관계는 명백히 입증된다.

(11) a. 저즌 고기란 니로 버히고 ᄆᆞ른 고기란 니로 버히디 말며(濡肉을 齒決ᄒᆞ고 乾肉을 不齒決ᄒᆞ며) <內訓一 4a>

<12> 즐기다/시름ᄒᆞ다

두 동작동사가 [樂/憂] 즉 '즐기다/근심하다'의 뜻을 가지고 反義 관계에 있다. 원문 중 '憂…樂'이 '시름ᄒᆞ며…즐겨'로 번역된다. 따라서 '즐기다'와 '시름ᄒᆞ다'의 반의 관계는 명백히 입증된다.

(12) a. 사ᄅᆞ미 시르믈 시름ᄒᆞ며 사ᄅᆞ미 즐교믈 즐겨(憂人之憂ᄒᆞ며 樂人之樂ᄒᆞ며) <內訓一 38a>

<13> 즐기다/아쳗다

두 동작동사가 [好/惡] 즉 '즐기다/싫어하다'의 뜻을 가지고 反義 관계에 있다. 원문 중 '他人 好惡'가 'ᄂᆞ미 즐거며 아쳐로미'로 번역된다. 따라서 '즐기다'와 '아쳗다'의 반의 관계는 명백히 입증된다.

(13) a. ᄂᆞ미 즐기며 아쳐르며 길며 뎔우믈 니르디 말며(不說他人의 好惡長短ᄒᆞ며) <法華五 34a>

'아쳗다'와 반의 관계에 있는 것으로 '깄다, 맛들다, 즐기다'가 있는데 그것들은 [悅, 任, 好]의 뜻을 가진 동의어이다.

제3절
相補語

모든 對立語들 중에서 相補語는 개념적으로 가장 단순한 것이다. 한 쌍의 相補語들의 본질은 그것들이 어떤 개념적 영역을 두 개의 상호 배타적인 구획들로 철저히 구분하는 데 있다. 그래서 구획들 중의 하나에 속하지 않는 것은 반드시 다른 구획에 속하지 않으면 안 된다. 中立地域이 존재하지 않는다. 다시 말해 한 쌍의 상보어들 사이에 제3항의 가능성이 없다. 상보어들의 예는 다음과 같다 : true/fals, dead/alive, open/shut, hit/miss(과녁), pass/fail(시험).[7]

임지룡(1989: 26-28)에 의하면 상보어는 네 가지 특성을 가진다.

첫째 상보어는 단언과 부정에 대한 상호 함의 관계가 성립된다.

둘째 상보어는 대립 관계에 있는 두 어휘 항목을 동시에 긍정하거나 부정하게 되면 모순이 일어난다.

---

7) Cruse 1986 : 198-199.

셋째 상보어는 정도어로써 수식이 불가능하며 비교 표현으로 사용될 수 없다.

넷째 상보어는 평가의 기준이 절대적이다. 예컨대, '남자'와 '여자', '살다'와 '죽다'의 對立은 어떤 시대 어떤 지역에서도 뚜렷이 구별되는 절대적 사항이다.

3.1. 명사 상보어

명사 상보어에는 [君子/小人]의 뜻을 가진 '君子/小人'을 비롯하여 [男子/女子]의 뜻을 가진 '男子/겨집' 등 37 항목이 있다.

<1> 君子/小人

두 명사가 [君子/小人] 즉 '군자/소인'의 뜻을 가지고 相補 관계에 있다. 원문 중 '君子强…小人困'이 '君子는 고돌파…小人은…굿가ᄒ놋다'로 번역된다. 따라서 '君子'와 '小人'의 상보 관계는 명백히 입증된다.

⑴ a. 君子는 고돌파 透迤히 ᄃ니거니와 小人은 馳驟호물 굿가ᄒ놋다 (君子强透迤小人困馳驟) <杜十一 26a>

<2> ᄀᄅᆷ/묗

두 명사가 [江/山]과 [河/山] 즉 '강/산'의 뜻을 가지고 相補 관계에 있다. 원문 중 '江山'이 'ᄀᄅᆷ과 묗로' 번역되고 '山河'가 '뫼콰 ᄀᄅᆷ'으로 번역된다. 따라서 'ᄀᄅᆷ'과 '묗'의 상보 관계는 명백히 입증된다.

(2) a. ᄀᆞᄅᆞᆷ과 뫼쾌 故園이 아니로다(江山非故園) <杜十一 45a>
   b. ᄀᆞᄅᆞᆷ과 뫼콰ᄂᆞᆫ 나날 寂寥ᄒᆞ도다(江山日寂寥) <杜十日 53a>
   c. ᄀᆞᄅᆞᆷ과 뫼히 가들우미 잇ᄂᆞᆫ 듯ᄒᆞ니(江山如有待) <杜九 35a>
   d. ᄀᆞᄅᆞ미 프ᄅᆞ니 새 더욱 ᄒᆡ오 뫼히 퍼러ᄒᆞ니 곳 비치 블 븓ᄂᆞᆫ ᄃᆞᆺ도다(江碧鳥逾白山青花欲燃) <杜十 17a>
   e. 나라히 破亡ᄒᆞ니 뫼콰 ᄀᆞᄅᆞᆷᄲᅮᆫ 잇고(國破山河在) <杜十 6b>
   f. 뫼콰 ᄀᆞᄅᆞ매 사오맷 吹角ㅅ 소리 슬프도다(山河戰角悲) <杜八 47b>

<3> 男/女

두 명사가 [男/女] 즉 '남자/여자'의 뜻을 가지고 相補 관계에 있다. 원문 중 '爲女…爲男'이 '女 사ᄆᆞ시고…男 사ᄆᆞ시니'로 번역된다. 따라서 '男'과 '女'의 상보 관계는 명백히 입증된다.

(3) a. 男이어나 女ㅣ어나 보아든 <月二十一 119a>
   b. 一切 衆生이 天이어나 人이어나 男이어나 女ㅣ어나 <月二十一 136a>
   c. 慈悲로 女 사ᄆᆞ시고 誠善으로 男 사ᄆᆞ시니(慈悲로 爲女ᄒᆞ시고 誠善으로 爲男ᄒᆞ시니) <法華四 49a>
   d. 男女를 論홀 ᄯᅵ 아니니라(不論男女ㅣ니라) <永嘉上 25a>
   e. 陰陽이 性이 다ᄅᆞ고 男女ㅣ 힝뎌기 다ᄅᆞ니(陰陽이 殊性ᄒᆞ고 男女ㅣ 異行ᄒᆞ니) <內訓二上 8a>

<4> 男子/겨집

두 명사가 [男子/女子]의 뜻을 가지고 相補 관계에 있다. 원문 중 '男

子…女子'가 '男子는…겨지븐'으로 번역된다. 따라서 '男子'와 '겨집'의 상보 관계는 명백히 입증된다.

(4) a. 男子는 무 수 물 몰 고 딘 노 니 며(6a)…겨지븐 그러티 아니 ᄒ 야(男子는 遊心於浩然 ᄒ 며…女子는 不然 ᄒ 야) <內訓序 6b>

<5> 男子/女人

두 명사가 [男子/女人]의 뜻을 가지고 相補 관계에 있다.

(5) a. ᄒ 다가 男子 女人이(59b)…因果 信티 아니 ᄒ 매 니 를 며 <月二十一 60a>

b. 閻浮提人 男子 女人이 ᄒ 마 命終 홀 제 <月二十一 126a>

c. 시혹 男子 女人(121b)이 터럭만 善事 를 닷 가 <月二十一 122a>

d. 男子 女人이 오래 病 ᄒ 야 이셔 <月二十一 91a>

e. 男子 女人 百千萬數ㅣ 바 ᄅ ᆳ 가온 ᄃ ᅵ 나락 ᄌ ᄆ 락 ᄒ 거든 <月二十一 23b>

f. 男子는 남지니라 <月一 8a>

g. ᄒ 다가 女人이 앉改事로 모 몰 세여(若有 女人이 內改 ᄋ 로 入身 ᄒ 야) <楞六 19b>

<6> 男子/女子

두 명사가 [男子/女子]의 뜻을 가지고 相補 관계에 있다.

(6) a. 왼녁 피는 男子ㅣ 두외오 올 ᄒ 녁 피는 여자ㅣ 두외어늘 <月一 8a>

b. 男子는 남지니라 <月一 8a>

c. 女子는 겨지비라 <月一 8a>

<7> 남진/겨집

두 명사가 [男/女] 즉 '남자/여자'의 뜻을 가지고 相補 관계에 있다.
원문 중 '男女'가 '남진과 겨집'으로 번역된다. 따라서 '남진'과 '겨집'의
상보 관계는 명백히 입증된다.

(7) a. 童男은 남지니오 童女는 아히 겨지비오 <釋三 7b>
　　b. 이트렛 衆生돌히…남지늬 몸도 現ᄒ며 겨지븨 몸도 現ᄒ며 <釋
　　　 十一 6b>
　　c. 남진과 겨집괘 섯거 앉디 말며(男女ㅣ 不難坐ᄒ며) <內訓一 4b>

<8> 能/所

두 명사가 [能/所] 즉 '主觀/客觀'의 뜻을 가지고 相補 관계에 있다.
원문 중 '能所'가 '能과 所'로 번역된다. 따라서 '能'과 '所'의 상보 관계
는 명백히 입증된다.

(8) a. 能과 所왜 어즈러워(能所ㅣ 紛然이라) <金삼四 3a>
　　b. 能과 所왜 다 괴외ᄒ야ᄉᆞ(能所ㅣ 俱寂ᄒ야ᄉᆞ) <金삼四 3a>
　　c. 能과 所왜 다 괴외호미(能所ㅣ 俱寂호미) <金삼四 3b>

<9> 뎌/我

두 명사가 [彼/我] 즉 '저/나'의 뜻을 가지고 相補 관계에 있다. 원문
중 '彼我'가 '뎌와 我'로 번역된다. 따라서 '뎌'와 '我'의 상보 관계는 명
백히 입증된다.

(9) a. 뎌와 我왜 달옴 업스며 (彼我ㅣ 無差ᄒ며) <永嘉上 56a>

<10> 動/靜

두 명사가 [動/靜] 즉 '움직임/움직이지 않음'의 뜻을 가지고 相補 관계에 있다. 원문 중 '動靜之源'이 '動과 靜괏 根源'으로 번역된다. 따라서 '動'과 '靜'의 상보 관계는 명백히 입증된다.

(10) a. 動과 靜괏 根源이 둘 아니오(動과 靜괏 之源이 莫二오) <永嘉下 1b>
    b. 動과 靜이 根源이 다르디 아니ᄒ며(動之以靜이 不別其源ᄒ며) <永嘉下 2a>
    c. 動靜의 根源이 둘히 아니며(動靜之源이 莫二며) <永嘉下 11a>
    d. 動을 ᄇ리고 靜을 求ᄒ고(捨靜以求動ᄒ고) <永嘉下 2a>

<11> 童男/童女

두 명사가 [童男/童女] 즉 '사내아이/계집아이'의 뜻을 가지고 相補 관계에 있다. '童男'의 자석이 '아히 남진'이고 '童女'의 자석이 '아히 겨집'이다. 따라서 '童男'과 '童女'의 상보 관계는 명백히 입증된다.

(11) a. 太子ㅣ 童男童女 ᄃ리시고 <釋三 7b>
    b. 童男ᄋᆫ 아히 남지니오 童女ᄂᆞᆫ 아히 겨지비오 <釋三 7b>

<12> 得/失

두 명사가 [得/失] 즉 '얻음/잃음'의 뜻을 가지고 相補 관계에 있다. 원문 중 '得失'이 '得失'로 번역되고, '得…失'이 '得…失'로 번역된다. 따라서 '得'과 '失'의 상보 관계는 명백히 입증된다.

(12) a. 사ᄅᆞ미 迷ᄒᆞ야 失이라 니ᄅᆞ고 사ᄅᆞ미 悟ᄒᆞ야 得이라 니ᄅᆞᄂᆞ니
得失이 사ᄅᆞ매 이실ᄲᅮ니언뎡 엇뎨 動靜에 걸리오(人迷ᄒᆞ야 謂
之失ᄒᆞ고 人悟ᄒᆞ야 謂之得ᄒᆞᄂᆞ니 得失이 在於人이어뎡 何關動
靜者乎ㅣ리오) <永嘉下 125b>

b. 迷ᄒᆞ야 失이라 니ᄅᆞ니 失이 엇뎨 일즉 失이며 悟ᄒᆞ야 得이라 니
ᄅᆞ니 得이 엇뎨 일즉 得이리오(迷ᄒᆞ야 謂之失ᄒᆞ나 失이 何曾失
이며 悟ᄒᆞ야 謂之得ᄒᆞ나 得이 何曾得이리오) <永嘉下 126a>

c. 그럴씨 니ᄅᆞ샤ᄃᆡ 得失이 사ᄅᆞᆷ이게 잇다 ᄒᆞ시니라(故曰得失이 在
人矣라 ᄒᆞ시니라) <永嘉下 126a>

d. 得이 어듯던 得이며 失이 어듯던 失이리오(得何曾得이며 失何
曾失이리오) <金삼四 6a>

<13> 明/闇

두 명사가 [明/闇] 즉 '밝음/어두움'의 뜻을 가지고 相補 관계에 있다.
원문 중 '明闇之本'이 '明과 闇괏 本'으로 번역된다. 따라서 '明'과 '闇'
의 상보 관계는 명백히 입증된다.

(13) a. 明과 闇괏 本이 다ᄅᆞ디 아니ᄒᆞ니(明과 闇괏之本이 非殊ᄒᆞ니)
<永嘉下 1b>

b. 闇과 明이 本이 어긔유미 업슬씨(闇之以明이 無暌其本홀씨)
<永嘉下 2a>

<14> 몸/ᄆᆞᅀᆞᆷ

두 명사가 [身/心] 즉 '몸/마음'의 뜻을 가지고 相補 관계에 있다. 원
문 중 '身心'이 '몸과 ᄆᆞᅀᆞᆷ'으로 번역된다. 따라서 '몸'과 'ᄆᆞᅀᆞᆷ'의 상보

관계는 명백히 입증된다.

(14) a. 몸과 ᄆᆞᅀᆞᆷ괘 便安ᄒᆞ야(身心이 泰然ᄒᆞ야) <楞二 1b>

　　 b. ᄆᆞᅀᆞ미 ᄒᆞ마 空ᄒᆞ면 모미 ᄯᅩ 좃ᄂᆞ니라(心이 旣卽空ᄒᆞ면 身이 亦
　　　　 隨爾니라) <永嘉下 18a>

　　 c. 몸과 ᄆᆞᅀᆞᆷ괘 움직디 아니ᄒᆞ야 <釋十三 36b>

<15> 믈/뭍

두 명사가 [水/陸] 즉 '물/육지'의 뜻을 가지고 相補 관계에 있다. 원
문 중 '水陸'이 '믈과 뭍'으로 번역된다. 그리고 '水中'이 '믈 가온ᄃᆡ'로
번역되고 '平陸'이 '平ᄒᆞᆫ 뭍'으로 번역된다. 따라서 '믈'과 '뭍'의 상보
관계는 명백히 입증된다.

(15) a. 믈爲水 <訓解 用字>

　　 b. 므렛 거시며 무틧 거시며 <月一 12a>

　　 c. 믈과 뭍과애 다 나ᅀᅡ가리라 <水陸並進也ᄒᆞ리라> <蒙法 38a>

　　 d. 믈과 뭍과ᄂᆞᆫ 事理 俱通ᄒᆞᆯ 씨라 <蒙法 38a>

　　 e. 믈 가온ᄃᆡ ᄀᆞᆯ며기로다(水中鷗) <杜七 4a>

　　 f. 믌 根(10b)源 우희 반드기 됴ᄒᆞᆫ ᄯᅡ히 잇ᄂᆞ니(溪源上에 必有勝地
　　　　 ᄒᆞ니) <六杜略序 11a>

(15) g. 中閒 平ᄒᆞᆫ 무듸 三千洲ᅵ 잇ᄂᆞ니(中閒平陸에 有三千洲ᄒᆞ니)
　　　　 <楞二 84b>

　　 h. 무트로 올라가매 프렛 이스리 저젯고(登陸草露滋) <杜二十二
　　　　 23b>

<16> 묽고기/묻고기

두 명사가 [魚/肉] 즉 '물고기/뭍짐승의 고기'의 뜻을 가지고 相補 관계에 있다. 원문 중 '魚肉'이 '믌고기며 묻고기'로 번역된다. 따라서 '믌고기'와 '묻고기'의 상보 관계는 명백히 입증된다.

(16) a. 左右엣 사르믈 히여 믌고기며 묻고기며 貴흔 차바눌 사다 齋室 안해 各別히 廚帳을 셰엿더니(使左右로 買魚肉珍羞ᄒ야 於齋內예 別立廚帳이러니) <內訓一 66b>

　　b. 여러 가짓 믌고기 먹고(食諸魚) <救方下 57b>

　　c. 가마오디는 믌고기 가서 건디룰 고티고(鸕鷀治魚鯁) <救간六 1a>

<17> 父/母

두 명사가 [父/母] 즉 '아버지/어머니'의 뜻을 가지고 相補 관계에 있다. 원문 중 '父母'가 '父母'로 번역된다. 따라서 '父'와 '母'의 상보 관계는 명백히 입증된다.

(17) a. 우리 父母ㅣ 太子끠 드리ᅀᆞᄫ시니 <釋六 7a>

　　b. 父母 ᄠ든(父母之精은) <月序 14a>

　　c. 父는 아비오 母는 어미라 <月序 14a>

　　d. 父母ㅣ 病이 잇거시든(父母ㅣ 有病이어시든) <內訓一 52a>

<18> 善/惡

두 명사가 [善/惡] 즉 '착함/악함'의 뜻을 가지고 相補 관계에 있다. 원문 중 '善惡'이 '善惡'으로 번역되고 '息惡行善'이 '惡을 그치고 善을 行ᄒ다'로 번역된다. 따라서 '善'과 '惡'의 상보 관계는 명백히 입증된다.

(18) a. 善惡의 근 ᄀ로믈 믈기 어루 보리로다(善惡更端을 冷然可覽이
로다) <永嘉上 51b>

b. 惡을 그치고 善을 行ᄒ리니(善惡ᄒ고 行善ᄒ리니) <永嘉上
27b>

<19> 싀아비/싀어미

두 명사가 [舅/姑] 즉 '시아버지/시어머니'의 뜻을 가지고 相補 관계
에 있다. 원문 중 '舅姑'가 '싀아비 싀어미'로 번역된다. 따라서 '싀아비'
와 '싀어미'의 상보 관계는 명백히 입증된다.

(19) a. 싀아비 업스면 싀어미 늙ᄂ니(舅ㅣ 没則姑ㅣ 老ᄒᄂ니) <內訓一
56b>

b. 싀아비 싀어미 묻며느리를 브리거시든(舅姑ㅣ 使家婦ㅣ 어시든)
<內訓一 57a>

<20> 身/心

두 명사가 [身/心] 즉 '몸/마음'의 뜻을 가지고 相補 관계에 있다. 원
문 중 '身心'이 '身心'으로 번역된다. 따라서 '身'과 心'의 상보 관계는
명백히 입증된다.

(20) a. 身心이 眞實ᄒ며 妄호믈(身心眞妄을) <楞二 2a>

b. 身心의 生滅 아니ᄒᄂ 싸홀 불교려 ᄒ샤ᄃ(欲明身心의 不生滅
地 ᄒ샤ᄃ) <楞二 3b>

<21> 生/死

두 명사가 [生/死] 즉 '삶/죽음'의 뜻을 가지고 相補 관계에 있다. 원문 중 '生死'가 '生과 死'로 번역된다. 따라서 '生'와 '死'의 상보 관계는 명백히 입증된다.

(21) a. 牟尼ᄒ실ᄊᆡ 生死애 아니 계시니 <月一 15a>

b. 頓은 生死ㅣ 곧 涅槃이어늘 二乘은 生死로 受苦 ᄆᆡ요ᄆᆞᆯ 사ᄆᆞᆯᄊᆡ ᄌᆞ장 우르니라(頓은 以生死ㅣ 卽涅槃이어ᄂᆞᆯ 而二乘은 以生死로 爲苦縛故로 大喚ᄒᆞ니라) <法華二 201b>

c. 涅槃門ᄋᆞᆫ 生死애 나 眞常 證호ᇙ 조ᄉᆞ르ᄫᆡᆫ 道ㅣ라(涅槃門者ᄂᆞᆫ 出生死ᄒᆞ야 證眞常之要道也ㅣ라) <楞六 77a>

d. ᄒᆞ다가 生死를 알면 가며 이숌 업스니라(若了生死ᄒᆞ면 無去住ᄒᆞ니라) <南明上 51a>

e. 生과 死왜 서르 븓디 아니ᄒᆞᆫ 둘 ᄉᆞ뭇 아로니(了知生死ㅣ 不相干호니) <南明上 51a>

<22> 神/鬼

두 명사가 [神/鬼] 즉 '신/귀신'의 뜻을 가지고 相補 관계에 있다.

(22) a. 娑婆世界예 因緣 이셔 天이어나 龍이어나 男이어나 女ㅣ어나 神이어나 鬼어나 <月二十一 157b>

b. 王宮에 神을 ᄂᆞ리오샤(降神王宮ᄒᆞ샤) <金삼一 1b>

<23> 아비/어미

두 명사가 [父/母] 즉 '아버지/어머니'의 뜻을 가지고 相補 관계에 있다. 원문 중 '父母'가 '아비 어미'로 번역된다. 그리고 '父'의 자석이 '아

비'이고 '母'의 자석이 '어미'이다. 따라서 '아비'와 '어미'의 상보 관계는
명백히 입증된다.

(23) a. 父母 쁘든 天性(14a)에 根源혼 디라(父母之情은 本乎天性이라)
　　　<月序 14b>
　　 b. 父는 아비오 母는 어미라 <月序 14a>
　　 c. 아비 어미 날 기롤 저듸(父母養我時) <杜八 67b>

<24> 溫水/冷水

두 명사가 [溫水/冷水] 즉 '더운 물/찬 물'의 뜻을 가지고 相補 관계에
있다.

(24) a. 溫水 冷水로 左右애 느리와 九龍이 모다 싯기ᅀᆞᇦ니 <月二
　　　34b> <月曲 20>
　　 b. 冷水는 能히 답쪄 주고닐 도로 사르느니(冷水는 能蘇悶絶ᄒᆞᄂᆞ
　　　니) <法華二 203a>

<25> 愚/慧

두 명사가 [愚/慧] 즉 '어리석음/슬기로움'의 뜻을 가지고 相補 관계
에 있다. 원문 중 '愚慧'가 '愚와 慧'으로 번역되고 '慧愚'가 '慧와 愚'으
로 번역된다. 따라서 '愚'와 '慧'의 상보 관계는 명백히 입증된다.

(25) a. 愚와 慧왜 길히 어긔나(愚왜 慧왜 乖路ᄒᆞ나) <永嘉下 1b>
　　 b. 毗婆는 慧와 愚ㅣ 서르 뮈우므로 길히 各各 그러ᄒᆞ니(毗婆는 以
　　　慧愚ㅣ 互蕩으로 路ㅣ 各如然ᄒᆞ니) <永嘉下 2a>

<26> 陰/陽

두 명사가 [陰/陽] 즉 '음/양'의 뜻을 가지고 相補 관계에 있다. 원문
중 '陰陽'이 '陰陽'으로 번역되고 '陽…陰'이 '陽은…陰은'으로 번역된
다. 따라서 '陰'과 '陽'의 상보 관계는 명백히 입증된다.

(26) a. 聞波ㅣ 陰이오 見火ㅣ 陽이니 陰陽이 서르 다와다 雷 두외는 견
    히라(聞波ㅣ 爲陰이오 見火ㅣ 爲陽이니 陰陽이 相薄ᄒ야 而成
    雷故也ㅣ라) <楞八 100a>
  b. 陰陽이 性이 다ᄅ고(陰陽이 殊性ᄒ고) <內訓二上 8a>
  c. 陽은 剛으로ᄡ 德을 삼고 陰은 부드러오ᄆ로ᄡ 用을 사ᄆ며(陽
    은 以剛爲德ᄒ고 陰은 以柔爲用ᄒ며) <內訓二上 8a>

<27> 因/果

두 명사가 [因/果] 즉 '원인/결과'의 뜻을 가지고 相補 관계에 있다.
원문 중 '因果'가 '因과 果'로 번역된다. 따라서 '因'과 '果'의 상보 관계
는 명백히 입증된다.

(27) a. ᄒ다가 男子 女人이(59b)…因果 信티 아니ᄒ매 니를며 <月
    二十一 60a>
  b. 凡과 聖과 因과 果와 믈윗 모ᄃ 名數를 ᄒ 句에 다 니ᄅ도다(凡
    聖因果와 凡諸名數를 一句애 都說破ᄒ도다) <金삼二 70a>

<28> 定/亂

두 명사가 [定/亂] 즉 '心의 安定/散亂心'의 뜻을 가지고 相補 관계에
있다. 원문 중 '定亂'이 '定과 亂'로 번역된다. 따라서 '定'과 '亂'의 상보

관계는 명백히 입증된다.

> (28) a. 定과 亂괘 거리 는호니(夫定과 亂괘 分岐ᄒ나) <永嘉下 1b>
>
> b. 奢摩는 定과 亂이 서르 기우루므로 거리 는호미 번득ᄒ고(奢摩
> 는 以定亂이 相傾으로 分岐ㅣ 歷爾ᄒ고) <永嘉下 2a>

<29> 즁/승

두 명사가 [男僧/女僧] 즉 '남자 중/여자 중'의 뜻을 가지고 相補 관계
에 있다.

> (29) a. 城 밧긔 닐굽 뎔 일어 즁 살이시고 城 안해 세 뎔 일어 승 살이시
> 니라 <月二 77a>
>
> b. 僧은 쥬이니 梵僧은 조ᄒᆫ 힝뎍ᄒᄂ 쥬이라 <月二 66a>
>
> c. 스이며 겨질들히 샹녜 고죽ᄒᆫ ᄆᆞᅀᆞ므로 阿難이 恩德을 念ᄒ야
> <月十 22b>

<30> 眞實/거즛

두 명사가 [眞/妄] 즉 '진실/거짓'의 뜻을 가지고 相補 관계에 있다.

> (30) a. 眞實와 거즛 이룰 ᄀᆞᆯ히시고 <月二 71b>
>
> b. 眞實와 거즛 이룰 ᄀᆞᆯ히에 코져 ᄒ노니 <月二 74b>

<31> 天/人

두 명사가 [天/人] 즉 '하늘/사람'의 뜻을 가지고 相補 관계에 있다.

> (31) a. 一切 衆生이 天이어나 人이어나 男이어나 女ㅣ어나 <月二十一

136a>

b. 未來世 中에 天이어나 人이어나 業報룰 로차 <月二十一 180a>

c. 이 곧혼 天人이 男이어나 女ㅣ어나 相現홇 저긔 <月二十一 159a>

d. 未來世예 ᄒᆞ다가 天人과 善男子 善女人이 <月二十一 180a>

<32> 치움/더움

두 명사형이 [寒/暑] 즉 '추움/더움'의 뜻을 가지고 相補 관계에 있다. 원문 중 '寒暑'가 '치움과 더움'으로 번역된다. 따라서 '치움'과 '더움'의 상보 관계는 명백히 입증된다.

(32) a. 치움과 더움괘 올마 흘러(寒暑ㅣ 遷流ᄒᆞ야) <楞二 6b>

<33> 치위/더위

두 명사가 [寒/暑] 즉 '추위/더위'의 뜻을 가지고 相補 관계에 있다. 원문 중 '寒暑'가 '치위와 더위'로 번역된다. 따라서 '치위'와 '더위'의 상보 관계는 명백히 입증된다.

(33) a. 甚혼 치위와 더위와 비예(祁寒暑雨에) <內訓三 16b>

b. 더위 가고 치위 오매 잇논 배 므스고(暑往寒來예 何所有오) <南明上 59a>

<34> 通/塞

두 명사가 [通/塞] 즉 '통함/막음'의 뜻을 가지고 相補 관계에 있다. 원문 중 '通塞'이 '通과 塞'으로 번역된다. 따라서 '通'과 '塞'의 상보 관계는 명백히 입증된다.

(34) a. 여롬과 다돔과는 通과 塞괘 굳ᄒ니라(開閉ᄂ 猶通塞也ᅵ라) <楞八 98b>

<35> 하ᄂᆞᆯㅎ/짜ㅎ

두 명사가 [天/地]와 [乾/坤] 즉 '하늘/땅'의 뜻을 가지고 相補 관계에 있다. 원문 중 '天地'가 '하ᄂᆞᆯ콰 짜쾌'로 번역되고 '乾坤'이 '하ᄂᆞᆯ콰 짜쾌'로 번역된다. 따라서 '하ᄂᆞᆯㅎ'과 '짜ㅎ'의 상보 관계는 명백히 입증된다.

(35) a. 하ᄂᆞᆯ 짜히 ᄀᆞ장 震動ᄒ니 <월곡 21>
    b. 하ᄂᆞᆯ콰 짜콱 ᄉᆞᅵ예 旗麾ᅵ ᄀᆞ득ᄒ얏고(天地軍麾滿) <杜八 47b>
    c. ᄒᆞᆫ 소노로 하ᄂᆞᆯ ᄀᆞᄅ치시고 ᄒᆞᆫ 소노로 짜 ᄀᆞᄅ치시니(一手로 指天ᄒ시고 一手로 指地ᄒ시니) <金삼二 59b>
    d. 하ᄂᆞᆯ콰 짜쾌 올ᄆᆞ며(天地轉ᄒ며) <金삼四 7b>
    e. 威嚴이 하ᄂᆞᆯ콰 짜쾌 뮈놋다(威動乾坤이로다) <金삼一 34a>

<36> 한아비/아비

두 명사가 [祖/父] 즉 '할아버지/아버지'의 뜻을 가지고 相補 관계에 있다. 원문 중 '祖父'가 '한아비와 아비'로 번역된다. 그리고 '祖'의 자석이 '한아비'이고 '父'의 자석이 '아비'이다. 따라서 '한아비'와 '아비'의 상보 관계는 명백히 입증된다.

(36) a. 祖ᄂ 한아비니 <釋二十四 4b>

b. 父는 아비오 <月序 14a>

c. 아비 미샹 아둘 念호물돌훈(父ㅣ 每念子等者는) <法華二 190a>

d. 한아비와 아비와로 지비 훈 가진 이 사룸이니라(祖父로 同家훈 是此人이니라) <南明上 53b>

e. 비록 아비 이쇼몰 아나 쏘 훈아비 이쇼몰 아디 몯ᄒᆞ느니(雖知有 父ᄒᆞ나 亦不知有祖ㅣ 在ᄒᆞ느니) <金삼二 48b>

f. 元覺이 한아비 늙고 病ᄒᆞ더니(覺祖年老且病) <三강孝 13a>

<37> 虛/實

두 명사가 [虛/實] 즉 '공허/충실'의 뜻을 가지고 相補 관계에 있다. 원문 중 '虛實'이 '虛實'로 번역되고 '實…虛'가 '實은…虛는'으로 번역 된다. 따라서 '虛'와 '實'의 상보 관계는 명백히 입증된다.

(37) a. 虛實이 둘히 달아(虛實이 兩別ᄒᆞ야) <永嘉上 51b>

b. 實은 善 나는 根이오 虛는 惡 나는 本이라(實은 是起善之根이오 虛는 是生惡之本이라) <永嘉上 51b>

3.2. 동작동사 상보어

동작동사 상보어에는 [生/死] 즉 '태어나다/죽다'의 뜻을 가진 '나다/ 죽다'를 비롯하여 8 항목이 있다.

<1> 나다/죽다

두 동작동사가 [生/死] 즉 '태어나다/ 죽다'의 뜻을 가지고 相補 관계 에 있다. 원문 중 '死…生'이 '주그며…나'로 번역된다. 따라서 '나다'와

'죽다'의 상보 관계는 명백히 입증된다.

    (1) a. 人間애 나고도 쇠어나 무리어나 약대어나 라귀어나 ᄃᆞ외야 <釋
            九 15b>

        b. 一千 世尊이 나싫 둘 아니 <月一 21b><月曲 9>

        c. 몃 디위 나뇨(幾迴生고) <南明上 55b>

        d. 주곡 주그며 나곡 나(死死生生ᄒᆞ야) <楞四 30a>

        e. 길헤셔 믄득 죽거든(途中卒死者) <救간一 36b>

<2> 短命ᄒᆞ다/長壽ᄒᆞ다

두 동작동사가 [夭/壽] 즉 '젊어서 죽다/ 오래 살다'의 뜻을 가지고 相補 관계에 있다. 원문 중 '夭壽'가 '短命ᄒᆞ며 長壽ᄒᆞ다'로 번역된다. 따라서 '短命ᄒᆞ다'와 '長壽ᄒᆞ다'의 상보 관계는 명백히 입증된다.

    (2) a. 短命ᄒᆞ며 長壽홀 萌牙ㅣ라(夭壽之萌也ㅣ라) <內訓一 78b>

<3> 得ᄒᆞ다/失ᄒᆞ다

두 동작동사가 [得/失] 즉 '얻다/잃다'의 뜻을 가지고 相補 관계에 있다. 원문 중 '得失'이 '得ᄒᆞ며 失타'로 번역된다. 따라서 '得ᄒᆞ다'와 '失ᄒᆞ다'의 상보 관계는 명백히 입증된다.

    (3) a. 다 이저디디 아니혼 警戒를 得ᄒᆞ며 <釋九 6a>

        b. 도로 淸淨을 得ᄒᆞ야 <釋九 6b>

        c. 쌜리 圓滿을 得ᄒᆞ리니(速得圓滿ᄒᆞ리니) <楞七 50a>

        d. 得ᄒᆞ며 失타 ᄒᆞ논 마룬(得失之言은) <金삼四 6a>

<4> 살다/죽다

두 동작동사가 [生/死] 즉 '살다/죽다'의 뜻을 가지고 相補 관계에 있다. 원문 중 '死…生'이 '주그닐…사니'로 번역된다. 따라서 '살다'와 '죽다'의 상보 관계는 명백히 입증된다.

(4) a. 절로 살오 절로 주구미 누에고티예 잇둣 호며 <釋十一 35a>

　　 b. 長常 주그락 살락 호야 受苦호몰 輪廻라 호느니라 <月一 12b>

　　 c. 주그닐 셤교딕사니 셤굠ㄱ티 호며(事死호딕如事生호며) <內訓一 42a>

　　 d. 사져 죽져 호야 사과요몰 議論호는 싸해(生死論交地) <杜二十三 49b>

　　 e. 그듸 이제 죽살 싸해 가느니(君今死生地) <杜八 67b>

<5> 살오다/주기다

두 동작동사가 [活/殺] 즉 '살리다/죽이다'의 뜻을 가지고 相補 관계에 있다. 원문 중 '活命'이 '命을 살오다'로 번역되고 '殺忠臣'이 '忠臣을 주기다'로 번역된다. 따라서 '살오다'와 '주기다'의 상보 관계는 명백히 입증된다.

(5) a. 五道애 因호며 四生애 디나 제 命을 살오몰 가줄비고(譬因五道호며 歷四生호야 以自活命이오) <法華二 124a>

　　 b. 오면 살오리라(而來免而死) <三강烈 32a>

　　 c. 사룸 살오미 ㄱ장 하니(活人甚多) <救간一 66b>

(5) d. 忠臣을 외오 주거늘(擅殺忠臣) <龍 106>

　　 e. 夫人을 주기숩더니 <月八 87b>

f. 서르 머그며 서르 주교미(相食相誅) <能八 125a>

g. 父母 주균 罪 곧ᄒᆞ며(如殺父母罪ᄒᆞ며) <法華七 119b>

h. 사ᄅᆞᄆᆞᆯ 주기노니(殺人) <救간ㅡ 43a>

i. 엇뎨 ᄲᆞᆯ리 아니 주기ᄂᆞᆫ다(何不速殺我) <三강烈 32a>

<6> 열다/닫다

두 동작동사 [開/閉] 즉 '열다/닫다'의 뜻을 가지고 相補 관계에 있다. 원문 중 '開閉'가 '여룸과 다돔'으로 번역된다. 따라서 '열다'와 '닫다'의 상보 관계는 명백히 입증된다.

(6) a. 여룸과 다돔과는 通과 塞괘 곧ᄒᆞ니라(開閉ᄂᆞᆫ 猶通塞也ㅣ라) <楞八 98b>

b. ᄒᆞ나ᄒᆞᆫ 연 드로미니…둘흔 다돈 드로미니(一者ᄂᆞᆫ 開聽이니…二者ᄂᆞᆫ 閉聽이니) <楞八 98a>

c. 다돈 이피 열어늘 <月曲 178>

<7> 잇다/없다

이 어사들은 [有/無]와 [存/亡]의 뜻을 가지고 相補 관계에 있다. 원문 중 '有形 無形'이 '얼굴 잇ᄂᆞ니와 얼굴 업스니'로 번역되고 '亡…存'이 '업스닐…잇ᄂᆞ니'로 번역된다. 따라서 '잇다'와 '없다'의 상보 관계는 명백히 입증된다.

(7) a. ᄒᆞ마 나며 업수미 업거니 엇뎨 가며 오미 이시리오(旣無生滅커니 焉有去來리오) <月序 5b>

b. 얼굴 잇ᄂᆞ니와 얼굴 업스니와(若有形과 無形과) <法華六 6b>

c. 업스닐 셤교틱잇ᄂᆞ니 셤곰 ᄀ티 ᄒᆞ시니(事亡호틱如事存ᄒᆞ시니) <內訓一 42a>

d. 取혼 배 잇고 갈 배 업거든(有所取ㅣ오 無所歸어든) <內訓一 87a>

<8> 주으리다/븨브르다

두 동작동사가 [飢/飫] 즉 '주리다/배부르다'의 뜻을 가지고 相補 관계에 있다. 원문 중 '飢飫'이 '주으리며 븨블옴'으로 번역된다. 따라서 '주으리다'와 '븨브르다'의 상보 관계는 명백히 입증된다.

(8) a. 주으리며 븨블오몰 제 아ᄂᆞ니(飢飫를 自知니) <金삼三 62a>

제4절
逆義語

反義語와 相補語와 구별되는 것이 逆義語(converse)이다.[8] 역의어의 예로 husband/wife, buy/sell을 들 수 있다.

역의어 즉 關係 對立語(relational opposite)는 두 실재물들의 관계를 다른 실재물에 상대적인 한 실재물의 방향을 어떤 軸을 따라 明示함으로써 나타내는 쌍들로 구성된다. 상이한 위치에 있는 두 對象物 A와 B에 있어서 B에 상대적인 A의 方向은 A에 상대적인 B의 방향의 정반대이다. 그러므로 A와 B의 관계를 A나 B를 기준점으로 취하여 두 개의 논리적으로 等價인 방식으로 나타낼 수 있다. 그래서 A가 B보다 더 높으면 'A가 B의 위에 있다'거나 'B가 A의 아래에 있다'라고 말할 수 있다.

---

8) 역의어에 대하여는 Lyons 1977 : 279-280, Cruse 1986 : 231-233 및 임지룡 1989 : 46-47 참조.

역의 관계는 상호적인 사회적 역할들과 관계 있는 어휘의 영역(의
사/환자, 主人/下人 등)에서, 친족 관계(부모/자식 등)에서 그리고 시간
적이고 공간적인 관계(위/아래, 앞/뒤)에서 흔하다.

역의 관계는 동작동사들 '팔다/사다, 주다/받다, 가르치다/배우다'에
서도 성립된다.

4.1. 명사 역의어

명사 역의어에는 [過去/現在/未來]의 뜻을 가진 '過去/現在/未來'를
비롯하여 [官, 公/私] 즉 '관청/개인'의 뜻을 가진 '그위/아룸' 등 33 항목
이 있다.

<1> 過去/現在/未來

이 세 명사가 [過去/現在/未來] 즉 '과거/현재/미래'의 뜻을 가지고
逆義 관계에 있다. 이것들은 時間的인 관계를 니다낸다.

(1) a. 三世는 過去와 現在와 未來왜니 <月二 21b>

<2> 그위/아룸

[官, 公]의 뜻을 가진 '그위'는 [私]의 뜻을 가진 '아룸'과 逆義 관계에
있다. 원문 중 '公私'가 '그윗것과 아룻것'으로 번역되고 '官…私'가 '그
위…아룸뎌'로 번역된다. 따라서 '그위'와 '아룸'의 역의 관계는 명백히
입증된다.

(2) a. 그윗것과 아룻거시 제여곰 싸채 브터셔(公私各地著) <杜七 36b>

b. 그위는 바눌도 容納 몯거니와 아룸뎌는 車馬룰 通ᄒᆞ느니라(官不
     容針이어니와 私通車馬ᄒᆞ느니라) <金삼四 33b>
  c. 그윗門엔 아ᄅᆞ몰 容納 몯거니와(公門엔 不容私ㅣ 어니와) <金삼
     四 33b>

<3> 나/눔

대명사 '나'와 명사 '눔'이 [我/人] 즉 '나/남'의 뜻을 가지고 逆義 관계
에 있다. 원문 중 '我人'이 '나와 눔'으로 번역된다. 따라서 '나'와 '눔'의
역의 관계는 명백히 입증된다.

  (3) a. 人相은 누믜 相이오 我相은 내 相이니 <月二 63b>
      b. 나와 눔괘 ᄃᆞ토아 니러(我人이 競作ᄒᆞ야) <金삼四 3a>
      c. 나와 눔괘 다 업고(我人이 頓盡코) <金삼四 3a>
      d. 나와 눔괘 다 업스며(我人이 頓盡ᄒᆞ며) <金삼四 3b>

<4> 남진/갓

두 명사가 [丈夫/婦] 즉 '남편/아내'의 뜻을 가지고 逆義 관계에 있다.
원문 중 '丈夫…婦女'가 '남지니…가시나 겨지븐'으로 번역된다. 따라
서 '남진'과 '갓'의 역의 관계는 명백히 입증된다.

  (4) a. 남지니 甲을 니버 가시나 겨지븐 ᄆᆞᄒᆞ매 지븨 잇도다(丈夫則帶甲
         婦女終在家) <杜十二 22a>

<5> 남진/겨집

두 명사가 [夫/婦] 즉 '남편/아내'의 뜻을 가지고 逆義 관계에 있다.
원문 중 '夫婦'가 '남진과 겨집'으로 번역된다. 따라서 '남진'과 '겨집'의

역의 관계는 명백히 입증된다.

    (5) a. 남진과 겨집괘 굴히요미 이시며(夫婦ㅣ 有別ᄒ며) <內訓一 21b>

        b. ᄒᆞᆫ 남진 ᄒᆞᆫ 겨지븐(一夫一婦ᄂᆞᆫ) <內訓一 79b>

<6> 녜/이제

두 명사가 [昔/今] 즉 '옛적/지금'의 뜻을 가지고 逆義 관계에 있다.
원문 중 '今…昔'이 '이젤…녜홀'으로 번역된다. 따라서 '녜'와 '이제'의
역의 관계는 명백히 입증된다.

    (6) a. 이제 와 이셔(其在于今ᄒᆞ야) <月序 13a>

        b. 수은 이(13a)제라 <月序 13b>

        c. 이젤 보고 녜룰 니즌 젼ᄎᆞ로(見今忘昔故로) <楞十 19a>

        d. 예며 이ᄭᅦ 샷다(昔之今之샷다) <金삼二 59b>

<7> 님금/臣下

두 명사가 [君/臣]과 [王/臣] 즉 '임금/신하'의 뜻을 가지고 逆義 관계
에 있다. 원문 중 '君臣'이 '님금과 臣下'로 번역되고 '王臣'이 '님금과
臣下'로 번역된다. 따라서 '님금'과 '臣下'의 역의 관계는 명백히 입증
된다.

    (7) a. 君臣ㅅ 法은 님금 臣下ㅅ 法이라 <釋九 38a>

        b. 님금과 臣下왜 正ᄒᆞ며(君臣이 正ᄒᆞ며) <內訓一 20b>

        c. 님금과 臣下왜 義이시며(君臣이 有義ᄒᆞ며) <內訓一 21b>

        d. 님금과 臣下왜 다ᄆᆞᆺ(33a) 거리츄믈 當ᄒᆞ니(君臣當其濟) <杜六
          34a>

e. 님금과 臣下왜 德 닷고물 重히 ㅎ시면(君臣重脩德) <杜十 13a>

f. 님금과 臣下ㅣ 다 눗므를 흘리놋다(君臣俱下淚) <杜二十二 35a>

g. 님금과 臣下왜 제여곰 定分이 잇ᄂᆞ니(君臣各有分) <杜二十二 46b>

h. 님금과 臣下ㅣ 혼 지비 ᄃᆞ외디 몯ᄒᆞ얫도다(王臣末一家) <杜七 15b>

<8> 몯누의/아ᅀᆞ누의

두 명사가 [姉/妹] 즉 '큰누이/누이동생'의 뜻을 가지고 逆義 관계에 있다. 원문 중 '姉妹'가 '몯누의와 아ᅀᆞ누의'로 번역된다. 그리고 '姉'의 자석이 '몯누의'이고 '妹'의 자석이 '아ᅀᆞ누의'이다. 따라서 '몯누이'와 '아ᅀᆞ누의'의 역의 관계는 명백히 입증된다.

(8) a. 兄弟姉妹롤 일커나 <月二十一 162a>

b. 姉ᄂᆞᆫ 몯누의오 妹ᄂᆞᆫ 아ᅀᆞ누의라 <月二十一 162a>

c. 아ᄌᆞ미며 몯누의와 아ᅀᆞ누의와 ᄯᆞᆯ왜 ᄒᆞ마 婚姻ᄒᆞ야 도라 왯거든 (故姉妹와 女子子ㅣ 已嫁而反커든) <內訓一 5a>

<9> 몯며느리/버근며느리

두 명사가 [家婦/介婦] 즉 '맏며느리/둘째 며느리'의 뜻을 가지고 逆義 관계에 있다. 원문 중 '介婦…家婦'가 '몯며느리…버근며느리'로 번역된다. 따라서 '몯며느리'와 '버근며느리'의 역의 관계는 명백히 입증된다.

(9) a. 버근며느리는 몯며느릐게 請홀디니라(介婦ᄂᆞᆫ 請於家婦ㅣ니라) <內訓一 57a>

<10> 凡/聖

두 명사가 [凡/聖] 즉 '凡夫/聖人'의 뜻을 가지고 逆義 관계에 있다. 원문 중 '凡聖'이 '凡과 聖'으로 번역된다. 따라서 '凡'과 '聖'의 역의 관계는 명백히 입증된다.

(10) a. 凡과 聖괘 혼 根源이라(凡聖이 同源이라) <法華一 3b>

b. 凡과 聖과롤 通틀 아니ᄒ시니(不通凡聖ᄒ시니) <金삼二 3b>

c. 凡과 聖과 因과 果와 믈읫 모든 名數롤 혼 句에 다 니ᄅ도다(凡聖因果와 凡諸名數로 一句에 都說破ᄒ도다) <金삼二 70a>

d. 凡과 聖래 다 ᄇ롬 아리 셔도다(凡聖이 齊敎立下風이로다) <金삼二 54a>

<11> 夫/婦

두 명사가 [夫/婦] 즉 '남편/아내'의 뜻을 가지고 逆義 관계에 있다. 원문 중 '夫婦'가 '夫婦'로 번역된다. 따라서 '夫'와 '婦'의 역의 관계는 명백히 입증된다.

(11) a. 夫婦ㅣ 義 잇고(夫婦ㅣ 有義ᄒ고) <內訓一 75b>

b. 賣花女 俱夷 善慧ㅅ뜯 아ᅀᆞ바 夫婦願으로 고줄 받ᄌᄫ시니 <月曲 6>

c. 夫婦 서르 므던히 너겨(室家ㅣ 相輕ᄒ야) <內訓一 30a>

<12> 夫/妻

두 명사가 [夫/妻] 즉 '남편/아내'의 뜻을 가지고 逆義 관계에 있다. 원문 중 '得妻'가 '妻를 得ᄒ다'로 번역된다. 그리고 '夫'의 자석이 '샤

옹'이고 '妻'의 자석이 '갓'이다. 따라서 '夫'와 '妻'의 역의 관계는 명백히 입증된다.

> (12) a. 夫妻ᄒᆞ야 사로몬 <月一 13a>
>
> b. 夫는 샤오이오 妻는 가시라 <月一 13a>
>
> c. 妻 求ᄒᆞ린 妻를 得ᄒᆞ며(求妻ᄒᆞ린 得妻ᄒᆞ며) <楞六 44a>

<13> 比丘/比丘尼

두 명사가 [比丘/比丘尼] 즉 '비구/비구니'의 뜻을 가지고 逆義 관계에 있다. 원문 중 '比丘比丘尼'가 '比丘와 比丘尼'로 번역된다. 따라서 '比丘'와 '比丘尼'의 역의 관계는 명백히 입증된다.

> (13) a. 이 比丘ㅣ (29a) 比丘ㅣ나 比丘尼나 優婆塞나 優婆夷나 보니마다 다 절ᄒᆞ고 讚嘆ᄒᆞ야 닐오ᄃᆡ<釋十九 29b>
>
> b. 그 쁴 比丘 比丘尼 優婆塞 優婆夷와 天龍 鬼神돌토 다 너교ᄃᆡ <釋十三 15b>
>
> c. 會中엣 比丘 比丘尼 優婆塞 優婆夷 天龍 夜(31b)叉 <釋十三 32a>
>
> d. 比丘 比丘尼 優婆塞 優婆夷며 <釋九 17b>
>
> e. 比丘 比丘(1a)尼 優婆塞 優婆夷와 <釋十九 1b>
>
> f.比丘 比丘尼 優婆塞 優婆夷 各各 너교ᄃᆡ<釋十三 43a>
>
> g. 增上慢 比丘와 比丘尼와 士女왜 티고 구지저 닐오ᄃᆡ(增上慢 比丘比丘尼예 士女打罵云) <圓上一之一 43b>

<14> 샤옹/갓

두 명사가 [夫/妻] 즉 '남편/아내'의 뜻을 가지고 逆義 관계에 있다.

원문 중 '夫家'가 '샤옹의 집'으로 번역된다. 그리고 '夫'의 자석이 '샤옹'이고 '妻'의 자석이 '갓'이다. 따라서 '샤옹'과 '갓'의 역의 관계는 명백히 입증된다.

(14) a. 夫는 샤옹이오 妻는 가시라 <月一 12a>

　　 b. 나히 마슨 쉬네 샤옹의 지비 업도다(四十五十無夫家) <杜二十五 5b>

　　 c. 샤옹은 輕薄혼 南兒ㅣ니(夫婿輕薄兒) <杜八 16a>

(14) d. 가시며 子息이며 도라 ᄒ야도 <月一 13a>

　　 e. 眷屬은 가시며 子息이며 죵이며 집앉 사ᄅ몰 다 眷屬이라 ᄒᄂ니라 <釋六 5b>

<15> 善男/善女

두 명사가 [善男/善女] 즉 '선한 남자/선한 여자'의 뜻을 가지고 逆義 관계에 있다. 원문 중 '善男善女'가 '善男 善女'로 번역된다. 따라서 '善男'과 '善女'의 역의 관계는 명백히 입증된다.

(15) a. 善男 善女로ᄡ 닐오ᄆ 자내 아로몰 긋이도다(以善男善女로 言者ᄂ 諱却已悟也ㅣ로다) <金삼二 4b>

<16> 善男子/善女人

두 명사가 [善男子/善女人]의 뜻을 가지고 逆義 관계에 있다. 원문 중 '善男子善女人'이 '善男子 善女人'으로 번역된다. 따라서 '善男子'와 '善女人'의 역의 관계는 명백히 입증된다.

(16) a. 善男子 善女人이 이 經을 바다 디녀 닑거나 외오거나 사겨 니르
　　　거나 쓰거나 ᄒ면 <釋十九 14a> <釋十九 16a> <釋十九 22b>

　　b. 善男子 善女人이 이 法華經 듣고 <釋 十九 1a>

　　c. 善男子 善女人의 隨喜功德을 내 닐오리니 <釋十九 2a>

　　d. 善男子 善女人ᄃᆞᆯ히 <釋九 20b>

　　e. 善男子(22a) 善女人이 <釋十三 22b>

　　f. ᄒ다가 善男子善女人이 恒河沙ᄃᆞᆺ 身命으로 布施ᄒᆞ야도(若有善
　　　男子善女人이 以恒河沙等身命으로 布施ᄒᆞ야도) <金剛 71a>

　　g. 一切 善男子 善女人이 (一切善男子善女人이) <金剛 13a>

　　h. 善男子 善女人이 (善男子善女人이) <金剛 10a> <金剛 12a>

　　i. 善男子ᄂᆞᆫ 平ᄒᆞᆫ ᄆᆞᅀᆞ미며 ᄯᅩ 이 正定 ᄆᆞᅀᆞ미니(善男子者ᄂᆞᆫ 平垣
　　　心也ㅣ며 亦是正定心也ㅣ니) <金剛 10a>

　　j. 善女人은 이 正慧ㅅ ᄆᆞᅀᆞ미니(善女人者ᄂᆞᆫ 是正慧心也ㅣ니) <金
　　　剛 10a>

<17> 아비/아ᄃᆞᆯ

두 명사가 [父/子] 즉 '아버지/아들'의 뜻을 가지고 逆義 관계에 있다.
원문 중 '父子'가 '아비와 아ᄃᆞᆯ왜'로 번역된다. 따라서 '아비'와 '아ᄃᆞᆯ'의
역의 관계는 명백히 입증된다.

(17) a. 아ᄃᆞ리 아비 나해셔 곱기곰 사라 <月一 47b>

　　b. 아비와 아ᄃᆞᆯ왜 親호미 이시며(父子ㅣ 有親ᄒᆞ며) <內訓一 21b>

　　c. 아비와 아ᄃᆞᆯ왜 親ᄒᆞ며(父子ㅣ 親ᄒᆞ며) <內訓一 20b>

　　d. 아비와 아ᄃᆞᆯ와ᄅᆞᆯ 親히 ᄒᆞ며(親父子ᄒᆞ며) <內訓一 20b>

<18> 암ᄒ/수ᄒ

두 명사가 [雌/雄] 즉 '암컷/수컷'의 뜻을 가지고 逆義 관계에 있다. 원문 중 '雌…雄'이 '암히 수흘'로 번역된다. 따라서 '암ㅎ'와 '수ㅎ'의 역의 관계는 명백히 입증된다.

(18) a. 암수히 알픠셔 어우ᄂ니 <法華二 28b>

　　　b. 關은 암수히 서르 和히 우는 소리요 <內訓二上 5a>

　　　c. 암히 수흘 좃놋다(雌隨雄) <杜十七 5b>

　　　d. 獼猴王이 그 암 더블오 <月七 16b>

　　　e. 鳳은 그 암홀 조하 니거놀(鳳隨其皇去) <杜六 51a>

　　　f. 수히 왼 놀개 드리옛ᄂ니(雄者左翩垂) <杜十六 70b>

<19> 암므지게/수므지게

두 명사가 [霓/虹] 즉 '암무지개/수무지개'의 뜻을 가지고 逆義 관계에 있다. '霓'의 자석이 '암므지게'이고 '虹'의 자석이 '수므지게'이다. 따라서 '암므지게'와 '수므지게'의 역의 관계는 명백히 입증된다.

(19) a. 시혹 볼가 虹이 두외며 어드워 霓ㅣ 두외ᄂ니라(或明而爲虹이며 暗而爲霓ᄒᄂ니라) <楞二 87b>

　　　b. 虹은 수므지게오 霓는 암므지게라 <楞二 87b>

<20> 어미/아ᄃᆞᆯ

두 명사가 [母/子] 즉 '어머니/아들'의 뜻을 가지고 逆義 관계에 있다. '母'의 자석이 '어미'이고 원문 중 '孝子'가 '孝道홇 아ᄃᆞᆯ'로 번역된다. 따라서 '어미'와 '아ᄃᆞᆯ'의 역의 관계는 명백히 입증된다.

(20) a. 어미도 아ᄃᆞᆯ롤 모ᄅᆞ며 아ᄃᆞᆯ도 어미롤 모ᄅᆞ리니 <釋六 3b>

b. 母는 어미라 <月序 14a>

c. 孝道ᄒᆞᇙ 아ᄃᆞᆯ 우루믈(孝子之哭) <龍 96>

<21> 어미/子息

두 명사가 [母/子] 즉 '어머니/아들'의 뜻을 가지고 逆義 관계에 있다. 원문 중 '母子'가 '어미와 子息'으로 번역된다. 따라서 '어미'와 '子息'의 역의 관계는 명백히 입증된다.

> (21) a. 어미와 子息괘 한 生ᄋᆞᆯ 서르 어긔여 머디 아니ᄒᆞ리니(母子ㅣ 歷
> 生ᄋᆞᆯ 不相違遠ᄒᆞ리니) <楞五 85b>
>
> b. 어미 子息 ᄉᆞ랑ᄐᆞᆺ ᄒᆞ시ᄂᆞ니(如母ㅣ 憶子ᄒᆞ시ᄂᆞ니) <楞五 85b>
>
> c. 子息이 ᄒᆞ다가 어미 ᄉᆞ랑ᄒᆞᄃᆡ(子ㅣ 若憶母ᄒᆞᄃᆡ) <楞五 85b>

<22> 어버ᅀᅵ/子息

두 명사가 [親/子] 즉 '어버이/자식'의 뜻을 가지고 逆義 관계에 있다. 원문 중 '老親'이 '늘근 어버ᅀᅵ'로 번역된다. 따라서 '어버ᅀᅵ'와 '子息'의 역의 관계는 명백히 입증된다.

> (22) a. 어버ᅀᅵ 子息 ᄉᆞ랑호ᄆᆞᆫ 아니 한 ᄉᆞᅀᅵ어니와 <釋六 3b>
>
> b. 그듸 가매 늘근 어버실 여희ᄂᆞ니(君行別老親) <杜二十二 40b>

<23> 어ᅀᅵ/아ᄃᆞᆯ

두 명사가 [母/子] 즉 '어머니/아들'의 뜻을 가지고 逆義 관계에 있다. 원문 중 '母猪'가 '어ᅀᅵ 돝'으로 번역된다. 따라서 '어ᅀᅵ'와 '아ᄃᆞᆯ'의 역의 관계는 명백히 입증된다.

(23) a. 우리 어싀 아두리 외롭고 입게 두외야 <釋六 5a>

　　　 b. 어싀 도틱 쇠릿 그틀 버쳐(割母猪尾頭) <救方下 79a>

<24> 얼운/아히

두 명사가 [長/幼] 즉 '어른/아이'의 뜻을 가지고 逆義 관계에 있다.
원문 중 '長幼'가 '얼운과 아히'로 번역된다. 따라서 '얼운'과 '아히'의 역
의 관계는 명백히 입증된다.

(24) a. 얼운과 아히와롤 和히 홀디니(和長幼ㅣ니) <內訓一 20b>

　　　 b. 얼운과 아히왜 次序 이시며(長幼ㅣ 有序ᄒ며) <內訓一 21b>

<25> 얼운/져므니

두 명사가 [長/少] 즉 '어른/젊은이'의 뜻을 가지고 逆義 관계에 있다.
원문 중 '少…長'이 '져므니 얼운'으로 번역된다. 따라서 '얼운'과 '져므
니'의 역의 관계는 명백히 입증된다.

(25) a. 져므니 얼운 셤기며(少事長ᄒ며) <內訓一 50b>

<26> 王/臣下

두 명사가 [王/臣] 즉 '王/臣下'의 뜻을 가지고 逆義 관계에 있다. 원
문 중 '王臣'이 '王과 臣下'로 번역된다. 따라서 '王'과 '臣下'의 역의 관
계는 명백히 입증된다.

(26) a. 王이 太子 셰오려 ᄒ샤 臣下 모도아 <釋三 5b>

　　　 b. 王과 臣下ㅣ 조쫍와(王臣이 隨之ᄒᅀᆞ와) <楞一 38a>

　　　 c. 다 이 王이 忠勳ᄒ요미니라(皆是王忠勳) <杜二十四 74b>

<27> 優婆塞/優婆夷

두 명사가 [優婆塞/優婆夷] 즉 '淸信士/淸信女'의 뜻을 가지고 逆義 관계에 있다. 원문 중 '優婆塞優婆夷'가 '優婆塞와 優婆夷'로 번역된다. 따라서 '優婆塞'와 '優婆夷'의 역의 관계는 명백히 입증된다. '優婆塞'는 범어 'upāsaka'의 음역어로 '在家 佛弟子인 男子'를 뜻하고 '優婆夷'는 범어 'upāsika'의 음역어로 '在家 佛弟子인 女子'를 뜻한다.

(27) a. 이 比丘ㅣ (29a) 比丘ㅣ나 比丘尼나 優婆塞나 優婆夷나 보니마다 다 절ᄒᆞ고 讚嘆ᄒᆞ야 닐오ᄃᆡ<釋十九 29b>

b. 그 ᄢᅴ 比丘 比丘尼 優婆塞 優婆夷와 天龍 鬼神돌토 다 너교ᄃᆡ <釋十三 15b>

c. 그 ᄢᅴ 會中에 比丘와 比丘尼와 優婆塞와 優婆夷와 天과 龍과 夜叉와…이 모든 大衆이(爾時會中에 比丘와 比丘尼와 優婆塞와 優婆夷와 天과 龍과 夜叉와…是諸大衆이)<法華一 59b>

d. 뎌 모든 比丘 比丘尼 優婆塞 優婆夷의 힝뎍 닷가 道 得ᄒᆞ릴(63a) 조쳐 보며(幷見彼諸比丘比丘尼優婆塞優婆夷의 諸修行得道者ᄒᆞ며) <法華一 63b>

<28> 이生/後生

두 명사가 逆義 관계에 있고 시간적인 관계를 나타낸다.

(28) a. 이生에서 後生 因緣을 지서 <月一 12b>

<29> 저/눔

대명사 '저'와 명사 '눔'이 [自/它] 즉 '저/남'의 뜻을 가지고 逆義 관계

에 있다. 원문 중 '自它'가 '저와 눔'으로 번역된다. 따라서 '저'와 '눔'의
역의 관계는 명백히 입증된다.

> (29) a. 제 올호라 ᄒ고 ᄂ물 외다 ᄒ야<釋九 14a>
>
> b. 布施ᄂ 제 뒷논 쳔량ᄋ로 눔 주며 제 아논 法으로 눔 ᄀ르칠 씨오
> <月二 25a>
>
> c. 저와 눔괘 다 업스며(自它ㅣ 俱泯ᄒ며)<金삼四 7b>

<30> 前生/後生

두 명사는 시간적인 관계를 나타내는 逆義語 쌍이다.

> (30) a. 前生앳 이릿 因緣으로 後生애 됴ᄒᆫ 몸 ᄃ외어나 구즌 몸 ᄃ외어
> 나 호미 ᄀ톨씨 <月一 12a>
>
> b. 前生애 ᄃ니다가 後生애 다시 난 모미 後身이라 <月一 45a>

<31> 즁/쇼ᇰ

두 명사가 [僧/白衣]와 [僧/俗] 즉 '즁/俗人'의 뜻을 가지고 逆義 관계
에 있다. 원문 중 '僧坊'이 '즁의 坊'으로 번역되고 '白衣舍'가 '쇼ᇰ 집'
으로 번역된다. 그리고 '是僧'이 '이 즁'으로 번역되고 '是俗'이 '이 쇼ᇰ'
로 번역된다. 따라서 '즁'과 '쇼ᇰ'의 역의 관계는 명백히 입증된다.

> (31) a. 쥬의 坊이어나 쇼ᇰ 지비어나 <釋十九 43b>
>
> b. 僧坊이어나 白衣 지비어나(若於僧坊이어나 若白衣舍ㅣ어나)
> <法華六 110b>
>
> (31) c. 즁은 이 즁이오 쇼ᇰ은 이 쇼ᇰ히며(僧是僧兮오 俗是俗이며) <金삼
> 四 45b>

d. 엇뎨 모로매 즁을 블러 쇼홀 밍글리오(何須喚僧作俗이리오) <金
   삼四 46a>

<32> ㅈ갸/놈

두 명사가 [自/他] 즉 '자기/남'의 뜻을 가지고 逆義 관계에 있다.

(32) a. ㅈ갸 受用ᄒ샤ᄆᆞ(53b)…ᄂᆞ미 受用호ᄆᆞ <月二 54a>
    b. ㅈ갸 利ᄒ고 놈 利케 홀 씨라 <月二 60b>

<33> 天子/天女

두 명사가 [天子/天女] 즉 '하늘 아들/하늘 딸'의 뜻을 가지고 逆義 관
계에 있다.

(33) a. ᄯᅩ 여러 天子와 天女와 釋梵과 諸天이 다 와 드르매 <釋十九
       20b>
    b. 天子ㅣ 모미 黃金色이오 (見一天子身黃金色) <釋二十三 27a>
    c. ᄯᅩ 名月天子와(5b) 普香天子와 寶光天子와 四大天王ㅣ <釋
       十三 6a>
    d. 名月天子ᄂᆞᆫ ᄃᆞ리라 <釋十三 6a>
    e. 寶香天子ᄂᆞᆫ 벼리라 <釋十三 6a>
    f. 寶光天子ᄂᆞᆫ ᄒᆡ라 <釋十三 6a>
    g. 그 ᄢᅴ 閻羅天子ㅣ ᄭᅮ러 合掌ᄒᆞ야 <月二十 114b>

(33) h. 그 저긔 八萬四千 天女ㅣ 한 풍류(57b)ᄒᆞ며 <釋二十一 58a>
    i. 百千萬億 天女 眷屬ᄋᆞᆯ 뒷(58b)거든 <釋二十一 59a>

4.2. 동작동사 역의어

동작동사 역의어에는 [悟/迷] 즉 '알다/모르다'의 뜻을 가진 '알다/모르다'를 비롯하여 3 항목이 있다.

<1> 알다/모르다

두 동작동사가 [悟/迷] 즉 '알다/모르다'의 뜻을 가지고 逆義 관계에 있다. 원문 중 '迷悟'가 '모르며 아로미'로 번역된다. 따라서 '알다'와 '모르다'의 역의 관계는 명백히 입증된다.

> (1) a. 네 數를 알리로소니여 모르리로소니여 <釋十一 4b>
>   b. 모믄 어울면 아로딕버을면 觸을 모르느니 <月十七 57a>
>   c. 모르며 아로미 ᄒ야 업거니(迷悟ㅣ 旣無커니) <金삼四 6a>
>   d. 오직 모르며 아로믈 브테니(只緣迷悟ㅣ니) <金삼四 6a>

<2> 悟ᄒ다/迷ᄒ다

두 동작동사가 [悟/迷] 즉 '알다/모르다'의 뜻을 가지고 逆義 관계에 있다. 원문 중 '人迷…人悟'가 '사르미 迷ᄒ야…사르미 悟ᄒ야'로 번역된다. 따라서 '悟ᄒ다'와 '迷ᄒ다'의 역의 관계는 명백히 입증된다.

> (2) a. 사르미 迷ᄒ야 失이라 니르고 사르미 悟ᄒ야 得이라 니르느니
>   (人迷ᄒ야 謂之失ᄒ고 人悟ᄒ야 謂之得ᄒᄂ니) <永嘉下 125b>
>   b. 迷ᄒ야 失이라 니르니 失이 엇뎨 일즉 失이며 悟ᄒ야 得이라 니
>   르니 엇뎨 일즉 得이리오(迷ᄒ야 謂之失ᄒ나 失이 何曾失이며
>   悟ᄒ야 謂之得ᄒ나 得이 何曾得이리오) <永嘉下 126a>

<3> 혜다/모르다

두 동작동사가 [知/不知] 즉 '알다/모르다'의 뜻을 가지고 逆義 관계에 있다.

 (3) a. 耶輸씌 니르샤딕네 디나건 녜닛 時節에 盟誓發願혼 이룰 혜는다
   모르는다 <釋六 8a>

4.3. 부사 역의어

부사 역의어에는 [前/後] 즉 '먼저/뒤에'의 뜻을 가진 '몬져/後에'와
[旣/今/將] 즉 '이미/지금/장차'의 뜻을 가진 '흐마/이제/쟝츠'가 있다.

<1> 몬져/後에

두 부사가 [前/後] 즉 '먼저/뒤에'의 뜻을 가지고 逆義 관계에 있고 시
간적인 관계를 나타낸다. 원문 중 '前…後'가 '몬져…後에'로 번역된다.
따라서 '몬져'와 '後에'의 역의 관계는 명백히 입증된다.

 (1) a. 몬져 貧賤흐고 後에 富貴커든(前貧賤흐고 後富貴어든) <內訓一 87a>

<2> 흐마/이제/쟝츠

세 부사가 [旣/今/將] 즉 '이미/지금/장차'의 뜻을 가지고 逆義 관계에
있고 시간적인 관계를 나타낸다.

 (2) a. 부텨 니르샤딕이 다 地藏菩薩이 오라건 劫으로셔 흐마 濟渡흐니
   며 이제 濟渡흐느니며 쟝츠 濟渡흐리 둘히라 <釋十一 5a>

제5절
方向 對立語

方向 對立語(directional opposite)의 가장 순수한 것은 對立 方向의 이동에서 발견된다. 직선을 이루며 각각 S(1)과 S(2)의 속도로 움직이는 두 물체 A와 B는, 만일 B의 상대적인 A의 속도가 S(1)과 S(2)의 합과 같으면 대립 빙향으로 움직이고 있다.[9]

방향 대립은 up/down 및 come/go에서 명백히 발견된다. 이 쌍들이 共有하는 것은 주어진 장소 P에 관해 두 대립 방향의 어느 하나로 이동하는 것이다. 그러나 그덧들 사이에 중요한 차이가 있다. 만일 up/down을 come/go와 비교한다면 우리는 come/go가 P를 향한 이동과 P로부터 멀어지는 이동 사이의 對立에 기초하고 한편 up/down이 P로부터 멀어진 移動內에서 생기는 對立에 기초한다는 것을 알 수 있

9) Cruse 1986 : 223 및 임지룡 1989 : 44 참조.

다.[10)]

이 논문에서는 方向 對立語를 對蹠語(anipodal)와 逆動語(reversive)로 나누어 고찰하려고 한다.[11)]

첫째 대척어는 方向 對立의 극단을 나타내는 대립어로서 對立雙에서 한 요소는 어떤 방향의 축을 따라 한 쪽의 극단을 나타내고 다른 한 요소는 대립 방향의 극단을 나타낸다. 대척어의 에로 '꼭대기/밑바닥'(공간상) 및 '처음/끝'(시간상)을 들 수 있다.

둘째 역동어는 대립 방향으로의 이동이나 변화를 나타내는 동작동사의 쌍들로 구성된다. 역동어의 예로 다음을 들 수 있다 : 오른다/내리다, 전진하다/후퇴하다, 들어가다/나오다.

5.1. 對蹠語

대척어에는 [本/末] 즉 '밑/끝'의 뜻을 가진 '根本/枝末'를 비롯하여 [本/末] 즉 '근원/끝'의 뜻을 가진 '根源/긑' 등 21 항목이 있다.

<1> 根本/枝末

두 명사가 [本/末] 즉 '밑/끝'의 뜻을 가지고 對蹠 관계에 있다. 원문 중 '爲本'이 '根本을 삼다'로 번역된다. 그리고 '本'의 자석이 '밑'이고

---

10) Lyons 1977 : 281 참조

11) Cruse(1986 : 223-243)에서는 방향 대립어가 대척어(anipodal), 對應語(counterpart), 逆動語(reversive) 및 逆義語(converse)의 넷으로 구분된다. Lyon(1977 : 279-280)에서는 역의어가 방향 대립어와 별개의 것으로 논의된다.
   대척어에 대하여는 Cruse 1986 : 224-225 및 임지룡 1989 : 44-45 참조
   역동에 대하여는 Cruse 1986 : 226-231 및 임지룡 1989 : 45-46 참조.

'末'의 자석이 '끝'이다. 따라서 '根本'과 '枝末'의 대척 관계는 명백히
입증된다.

(1) a. 세히 根本이 도외오 니믄 아호븐 枝末이 도외ᄂ니 <月二 21a>

　　 b. 根은 불휘오 本은 미티오 枝는 가지오 末ᄋᆞᆯ 그티라 <月二 21a>

　　 c. 사ᄅᆞᆷ 주기디 아니호ᄆᆞ로 根本ᄋᆞᆯ 사마(惟以不殺人ᄋᆞ로 爲本ᄒᆞ샤)
　　　 <內訓二下 31a>

　　 d. 眞常ᄋᆞᆫ 衆生과 부텨왓 平等ᄒᆞᆫ 큰 根本이라(眞常者ᄂᆞᆫ 生佛平等之
　　　 大本也ㅣ라) <金삼序 2a>

<2> 根源/끝

두 명사가 [本/末] 즉 '근원/끝'의 뜻을 가지고 對蹠 관계에 있다. '本'
의 저석이 '根源'이고 '末'의 자석이 '끝'이다. 따라서 '根源'과 '끝'의 대
척 관계는 명백히 입증된다.

(2) a. 修行本起經은 修行ㅅ 根源 니르와ᄃᆞ샨 ᄆᆞ 첫 根源을 닐온 經이
　　　 라 <釋六 42b>

　　 b. 本은 根源이오 <釋六 42b>

　　 c. 夫妻ᄒᆞ야 사로미 힝뎌기 조티 돈호야 輪廻ᄅᆞᆯ 벗디 몯ᄒᆞᄂᆞᆫ 根源일
　　　 ᄊᆡ 죽사릿 因緣이랴 ᄒᆞ니라 <月一 12a>

　　 d. 請ᄒᆞᅀᆞ올 敎읫 根源을 여르시고(開發請之敎源이시고) <法華序
　　　 14b>

(2) e. 末法 時(2a)節은 몰과 거즛말로 니르ᄂᆞ니 末ᄆᆞᆫ 그티라 <釋九 2b>

　　 f. 澄觀書ㅅ 그테 닐오ᄃᆡ(書末云) <圓序 75a>

<3> 南/北

두 명사가 [南/北]의 뜻을 가지고 對蹠 관계에 있다. 원문 중 '南北東西'가 '南北東西'로 번역된다. 따라서 '南'과 '北'의 대척 관계는 명백히 입증된다.

(3) a. 北녁긔셔 수므면 南(33a)녁긔 내돋고 南녀긔셔 수므면 北녀긔 내돋고 <釋六 33b>

　　b. 南北東西에 그츤 스치 업거늘(南北東西에 無間斷커늘) <南明上 13b>

<4> 東/西

두 명사가 [東/西]의 뜻을 가지고 對蹠 관계에 있다. 원문 중 '東西'가 '東과 西'로 번역된다. 따라서 '東'과 '西'의 대척 관계는 명백히 입증된다.

(4) a. 東녀긔셔 수므면 西ㅅ녀긔 내돋그 西셔긔셔 수므면 東녀긔 내돋그 <釋六 33a>

　　b. 히 東녀긔 이시면 아추미오 西ㅅ녀긔 가면 나조힐씨 <月二 50a>

　　c. 正히 가온딧 大洲를 東과 西와로 모도아 혜언댄(正中大訓를 東西括量건댄) <楞二 84b>

　　d. 南北東西에 그츤 스치 업거늘(南北東西에 無間斷거늘) <南明上 13b>

<5> 녀름/겨슬

두 명사가 [夏/冬] 즉 '여름/겨울'의 뜻을 가지고 對蹠 관계에 있다. Lyon(1977 : 286)에 의하면 {봄, 여름, 가을, 겨울}에서 '겨울'이 '봄, 가을'에 대립되는 것보다 그것의 대척어 '여름'에 더 강하게 대립된다.

(5) a. 녀르미여 겨스리여 혼 말도 아니코 안잿거시든 <釋三 38b>

　　b. 모미 겨스렌 덥고 녀르멘 추고 <月一 26b>

　　c. 겨스렌 소음 둔 오슬 닙디 아니ᄒ고 녀르메 서늘혼 ᄃᆡ가디 아니ᄒ
　　며(冬不衣絮ᄒ고 夏不就淸凉ᄒ며) <內訓一 72b>

<6> 밑/긑

두 명사가 [本/末]의 뜻을 가지고 對蹠 관계에 있다. '根本/枝末, 根源/긑'에서 '밑'이 한자어들 '根本, 根源'과 동의 관계에 있고 '긑'이 한자어 '末'과 동의 관계에 있다.

(6) a. 미티 ᄒ마 업슬씨 그티 브 틀 ᄃᆡ업스니 <月二 22c>

<7> 밤/낮

두 명사가 [夜/晝] 즉 '밤/낮'의 뜻을 가지고 對蹠 관계에 있다. 원문 중 '晝夜'가 '나지며 바미며'로 번역되고 '晝…夜行'이 '나지…바미 녀다'로 번역된다. 따라서 '밤'과 '낮'의 대척 관계는 명백히 입증된다.

(7) a. 나지 ᄠᅳᆯ헤 노니디 아니ᄒ며 바미 녀ᄃᆡ브를 뼈 홀디니(晝不遊庭ᄒ
　　며 夜行以火ᄒᄂ니) <內訓一 86a>

<8> 上/下

두 명사가 [上/下] 즉 '위/아래'의 뜻을 가지고 對蹠 관계에 있다. 원문 중 '上也…下也'가 '上이라…下ㅣ라'로 번역된다. 따라서 '上'과 '下'의 대척 관계는 명백히 입증된다.

(8) a. 우흐로 上方 아래로 下方이라 <月二 10a~b>

b. 어루 어밋브게 호미 上이라…顔色애 나토디 아니호미 버그니라
…顔色애 나토미 下ㅣ라(使可哀憐이 上也이라…不見於色이 其
次也ㅣ라…見於色이 下也이라) <內訓一 54b>

<9> 아춤/나조ㅎ

두 명사가 [朝/夕] 즉 '아침/저녁'의 뜻을 가지고 對蹠 관계에 있다.
원문 중 '朝夕'이 '아춤 나조ㅎ'로 번역된다. 따라서 '아춤'과 '나조ㅎ'의
대척 관계는 명백히 입증된다.

(9) a. 아춤 뷔여든 또 나조히 닉고 나조히 뷔여든 또 나 아ᄎ미 닉더니
<月一 45a>

b. 히 東녀긔 이시면 아ᄎ미오 西ㅅ녀긔 가면 나조할씨 <月二 50a>

c. 아춤 나조히 보아 警戒ᄒ노라(朝夕에 視爲警ᄒ노라) <內訓一
27b>

<10> 안ㅎ/밧

두 명사가 [內/外]와 [裏/表] 즉 '안/밖'의 뜻을 가지고 對蹠 관계에 있
다. 원문 중 '內外'가 '안콰 밧'으로 번역되고 '裏表應'가 '밧과 안ㅎ'으
로 번역된다. 따라서 '안ㅎ'과 '밧'의 대척 관계는 명백히 입증된다.

(10) a. 王이 깃그샤 四兵을 돌아 안팟ㄱ로 막ㅈ르더시다 <釋三 24a>

b. 또 안콰 밧과 中間과 세 고디 아니로소이다 <亦非內外中間三處
ㅣ로소이다) <楞一 63b>

c. 닐오ᄃᆡ안콰 밧괘니(謂內及外니) <圓上二之二 81b>

d. 밧과 안쾌 서르 應ᄒ니(表裏相應ᄒ니) 內訓一 17a>

<11> 앒/뒤ㅎ

두 명사가 [前/後] 즉 '앒/뒤'의 뜻을 가지고 對蹠 관계에 있다. 원문 중 '前後'가 '앒뒤ㅎ'로 번역된다. 따라서 '앒'과 '뒤ㅎ'의 대척 관계는 명백히 입증된다.

(11) a. 五百 釋童이 앒뒤헤 圍繞ᄒᅀᄫᅡ <釋三 7b>

b. 앒뒤흘 도라보디 아니ᄒ고 <不顧前後ᄒ고> <內訓一 35b>

c. 알ᄑᆫ ᄀᆞ르미오 뒤흔 묏 머티로다(前江後山根) <杜六 48b>

d. 李也ᄂᆞᆫ 前疑後丞ㅅ 벼슬 홀디어늘 앒뒤히 뷔엿도다(李也疑丞曠前後) <杜二十五 11a>

<12> 왼녁/올ᄒᆞᆫ녁

두 명사가 [左/右] 즉 '왼쪽/오른쪽'의 뜻을 가지고 對蹠 관계에 있다. '右'의 자석이 '올ᄒᆞᆫ녁'이고 '左'의 자식이 '왼녁'이다. 따라서 '왼녁'과 '올ᄒᆞᆫ녁'의 대척 관계는 명백히 입증된다.

(12) a. 올ᄒᆞᆫ녀긔 브텨 쓰라(附書於右ᄒ라) <正音 13a>

b. 右ᄂᆞᆫ 올ᄒᆞᆫ녀기라 <正音 13a>

c. 왼녀긔 ᄒᆞᆫ 點을 더으면(左加一點ᄒ면) <正音 13b>

d. 左ᄂᆞᆫ 왼녀기라 <正音 13b>

e. 梵王ᄋᆞᆫ 왼녁 겨틔 셔숩고 帝釋ᄋᆞᆫ 올ᄒᆞᆫ녁 겨틔 셔숩고 <釋三 30a>

f. 가온ᄃᆡ 金이오 왼녀근 瑠璃오 올ᄒᆞᆫ녀근 瑪瑙ㅣ러라 <釋十一

12a>

g. 왼녁 피 닫 담고 올흔녁 피 닫 다마 두고 <月一 7b>

h. 이비 왼녁이 기울어든 올흔녁의 부르고 올흔녁이 기울어든 왼녁
의 불라(左喎塗右 右喎塗左) <救간一 22b>

<13> 우ㅎ/아라

두 명사가 [上/下] 즉 '위/아래'의 뜻을 가지고 對蹠 관계에 있다. 원
문 중 '上下'가 '아라우ㅎ'로 번역된다. 따라서 '우ㅎ'와 '아라'의 대척 관
계는 명백히 입증된다.

(13) a. 東西南北과 네 모콰 아라 우희 다 큰 브리어든 <月一 29b>

b. 몸골 아라 우히 쌘디 아니ᄒᆞ샤 ᄒᆞᆫ가지로 充實ᄒᆞ시며 <月二 41a>

c. 아라우 업슨 道理ㅅ ᄆᆞᅀᆞᄆᆞᆯ 發ᄒᆞ야 <月八 71b>

d. 아라우히 모래 잇고(上下有沙) <救方上 72b>

e. 아라우히 悠悠ᄒᆞ야(上下ㅣ 悠悠ᄒᆞ야) <南明上 45a>

<14> 우ㅎ/아래

두 명사가 [上/下] 즉 '위/아래'의 뜻을 가지고 對蹠 관계에 있다. 원
문 중 '上…下'가 '우희는…아래는'으로 번역된다. 따라서 '우ㅎ'와 '아
래'의 대척 관계는 명백히 입증된다.

(14) a. 하ᄂᆞᆯ 우콰 하ᄂᆞᆯ 아래 나쁜 尊호라 <月二 38b>

b. 그 金像이 象 우희 오르락 아래 ᄂᆞ리락 ᄒᆞ야 生佛이 ᄀᆞᆮ트시며
<釋十一 13b>

c. 우흐른 宗廟ᄅᆞᆯ 셤기고 아래론 後世ᄅᆞᆯ 닛게 ᄒᆞᄂᆞ니(上以事宗廟

ᄒ고 下以繼後世也ㅣ니) <內訓一 74a>

d. 우희ᄂᆞᆫ ᄆᆞᅀᆞᆷ 업든 구루미 잇고 아래ᄂᆞᆫ 디고져 ᄒᆞᄂᆞᆫ 돌히 일도다
(上有無心雲下有欲落石) <杜七 23b>

e. 빗복 아라 우희 더프면(覆臍上下) <救간一 66b>

<15> 으쓤·웃듬/가지

두 명사가 [本/枝]와 [體/枝] 즉 '줄기/가지'의 뜻을 가지고 對蹠 관계
에 있다. 원문 중 '爲本'이 '웃드믈 사마'로 번역되고 '體…枝'가 '웃드미
…가지'로 번역된다. 따라서 '으쓤·웃듬'과 '가지'의 대척 관계는 명백
히 입증된다.

(15) a. 畢本羅樹ᄂᆞᆫ 으ᄊᆞ미 누르고 히오 가지와 닙괘 퍼러코 <釋三
41b>

b. 質ᄋᆞᆫ 웃드미라 <月十七 58b>

c. 淸淨ᄒᆞ야 ᄒᆞ욤 엽수ᄆᆞ로 웃드믈(49b) 사ᄆᆞ니(淸淨無爲로 爲木
ᄒᆞ니) <內訓二下 50a>

d. 丁香이 웃드미 보ᄃᆞ라오니 어즈러이 여르미 ᄆᆡ자 가지 오히려
ᄡᅢ뎻도다(丁香體柔弱亂結枝猶墊) <杜十八 1b>

<16> 左/右

두 명사가 [左/右]의 뜻을 가지고 對蹠 관계에 있다. 원문 중 '左右'가
'左右엣 사ᄅᆞᆷ'으로 번역된다. 따라서 '左'와 '右'의 대척 관계는 명백히
입증된다.

(16) a. 右手左手 天地 ᄀᆞᄅᆞ치샤 <月曲 20> <月二 34b>

b. 左右梵志ᄂᆞᆫ 두 녀긔 좃ᄌᆞᄫᅡ ᄒᆞ니ᄂᆞᆫ 梵志라 <釋三 11a>

c. 左右엣 사ᄅᆞᄆᆞᆯ 히여(使左右로) <內訓一 66b>

<17> 처ᅀᅥᆷ/내죵

두 명사가 [始/終] 즉 '처음/나중'의 뜻을 가지고 對蹠 관계에 있다. 원문 중 '始終'이 '처ᅀᅥᆷ 내죵'으로 번역된다. 따라서 '처ᅀᅥᆷ'과 '내죵'의 대척 관계는 명백히 입증된다.

(17) a. 上聲은 처ᅀᅥ미 ᄂᆞᆺ갑고 乃終이 노ᄑᆞᆫ 소리라 <正音 13b>

b. 譜ᄂᆞᆫ 平生앳 처ᅀᅥᆷ 乃終ㅅ 이ᄅᆞᆯ 다 쑨 글와리라 <釋序 4b>

c. 乃終ㅅ 소리ᄂᆞᆫ 다시 첫 소리ᄅᆞᆯ 쓰ᄂᆞ니라(終聲은 復用初聲ᄒᆞᄂᆞ니라) <正音 11b>

d. 처ᅀᅥᆷ 내죵 理ㅣ 物에 이션 成壞 ᄃᆞ외오(始終之理ㅣ 在物ᄒᆞ얀 爲成壞오) <法華三 161a>

e. 처ᅀᅥᆷ과 내죵과 더움과 더룸 업서(無始終增減ᄒᆞ야) <圓上一之一 5b>

<18> 처ᅀᅥᆷ/ᄆᆞ촘

두 명사가 [始/終] 즉 '처음/마침'의 뜻을 가지고 對蹠 관계에 있다. 원문 중 '始終'이 '처ᅀᅥᆷ 마ᄎᆞᆷ'로 번역된다. 따라서 '처ᅀᅥᆷ'과 'ᄆᆞ촘'의 대척 관계는 명백히 입증된다.

(18) a. 終은 마ᄎᆞ미라 <正音 2a>

b. 부텨 나아 ᄃᆞᆮ니시며 ᄀᆞ마니 겨시던 처ᅀᅥᆷ ᄆᆞ촘ᄆᆞᆯ 알리 노니(鮮有知出處始終ᄒᆞᄂᆞ니) <釋序 2b>

c. 述은 처엄으로셔 무촘 니르리 ᄒᆞ샨 믈(5a)읫 이리라 <釋序 5b>

d. 東北艮이 萬物의 처엄 일며 무촘 이는 싸히라(東北艮이 萬物의 成始成終之所ㅣ라) <法華三 161a>

<19> 天/地

두 명사가 [天/地] 즉 '하늘/땅'의 뜻을 가지고 對蹠 관계에 있다. 원문 중 '天地'가 '天地'로 번역된다. 따라서 '天'과 '地'의 대척 관계는 명백히 입증된다.

(19) a. 右手左手로 天地 ᄀᆞᆯ르치샤 <月曲 30> <月二 34b>

　　 b. 큰 光明 펴 天地를 비취오 <月十 28b>

　　 c. 天地 鬼神이 아ᄅᆞ시ᄂᆞ니라(天地鬼神寔臨之) <三강烈 22b>

<20> 하ᄂᆞᆯㅎ/싸ㅎ

두 명사가 [天/地] 즉 '하늘/땅'의 뜻을 가지고 對蹠 관계에 있다. 원문 중 '天地'가 '하ᄂᆞᆯ콰 싸콰'로 번역된다. 따라서 '하ᄂᆞᆯㅎ'과 '싸ㅎ'의 대척 관계는 명백히 입증된다.

(20) a. 하ᄂᆞᆯ 싸히 ᄀᆞ장 震動ᄒᆞ니 <月曲 21> <月二 35a>

　　 b. 하ᄂᆞᆯ콰 싸콰를 範圍ᄒᆞ며(範圍天地ᄒᆞ며) <楞二 20b>

　　 c. 하ᄂᆞᆯ(77a)히 싸ᄒᆞ롯 몬져 ᄒᆞ며(天先乎地ᄒᆞ며) <內訓一 77b>

<21> 하ᄂᆞᆯㅎ/人間

[天]의 뜻을 가진 '하ᄂᆞᆯㅎ'은 [人間世上]의 뜻을 가진 '人間'과 對蹠 관계에 있다.

(21) a. 그 하(19a)놀 목숨 다 사ᄅ시고 人間애 누리샤 <月一 19b>

　　 b. ᄒ번 주거 하놀해 갯다가 ᄯ 人間애 ᄂ려 오면 <月二 19b>

5.2. 逆動語

역동어에는 [去/來] 즉 '가다/오다'의 뜻을 가진 '가다/오다'를 비롯하여 [長/消] 즉 '길다/스러지다'의 뜻을 가진 '길다/스러디다' 등 39 항목이 있다.

<1> 가다/오다

두 동작동사가 [去/來] 즉 '가다/오다'의 뜻을 가지고 逆動 관계에 있다. 원문 중 '去來'가 '가며 오미'로 번역된다. ᄯ라서 '가다'와 '오다'의 역동 관계는 명백히 입증된다.

(1) a. 엇뎨 가며 오미 이시리오(焉有去來리오) <月序 2b>

　　 b. 時急히 오디 말며 時急히 가디 말며(毋援來ᄒ며 毋報往ᄒ며) <內訓一 9a>

<2> 길다/스러디다

두 동사가 [長/消] 즉 '길다/스러지다'의 뜻을 가지고 逆動 관계에 있다. 원문 중 '消長'이 '스러디며 길다'로 번역되고 '消'의 자석이 '스러디다'이다. 따라서 '길다'와 '스러디다'의 역동 관계는 명백히 입증된다.

(2) a. 消호 스러딜 씨라 <月序 25a>

　　 b. 나ᄃ리 길어다(日月長) <杜十五 23b>

c. 믈읫 스러디며 길며 フ득ᄒ며 뷔윰 잇ᄂ 거시(凡有消長盈虛者ㅣ)
<金삼二 6b>

<3> 起ᄒ다/滅ᄒ다

두 동작동사가 [起/滅] 즉 '일어나다/없어지다'의 뜻을 가지고 逆動 관계에 있다. 원문 중 '起滅'이 '起ᄒ며 滅ᄒ다'로 번역된다. 따라서 '起ᄒ다'와 '滅ᄒ다'의 역동 관계는 명백히 입증된다.

(3) a. 起ᄒ며 滅호미 업스리라(起滅이 卽盡ᄒ리라) <蒙法 69b>
b. 起ᄒ며 滅호미 곧 그츤 고돌(起滅卽盡處롤) <蒙法 70a>

<4> ᄭᅵ다/자다

두 동작동사가 [寤寐] 즉 '깨다/자다'의 뜻을 가지고 逆動 관계에 있다. 원문 중 '寤寐'가 'ᄭᅵ며 자매'로 번역된다. 따라서 'ᄭᅵ다'와 '자다'의 역동 관계는 명백히 입증된다.

(4) a. ᄭᅵ욤과 잠괘 샹녜 ᄒᆞᆫ가지라(寤寐ㅣ 恒一ᄒᆞ야) <楞十 1b>
b. ᄭᅵ면 곧 想心이오 자면 한 수미 ᄃᆞ외ᄂᆞ니(寤卽想心이오 寐爲諸 夢이니) <楞十 81a>
c. ᄭᅵ며 자매 뮈워 變ᄒᆞ매 니르러(至於寤寐徭變ᄒᆞ야) <楞十 81b>

<5> 나다/들다

두 동작동사가 [出/入] 즉 '나다/들다'의 뜻을 가지고 逆動 관계에 있다. 원문 중 '出入'이 '나며 들어'로 번역된다. 따라서 '나다'와 '들다'의 역동 관계는 명백히 입증된다.

(5) a. 고흔 수미 나며 드로매 맏고 스싀를 몯 마투며 <釋十九 10a>

　　 b. 고흔 수미 나며 드로딕가온딕섯구메 關ᄒ며 <月十七 57a>

　　 c. 곳수믄 나며 드로매 가온딕섯구매(26a) 關ᄒ며(鼻息出入關於中
　　　　交ᄒ며) <法華 6:26b>

　　 d. 나며 드ᄂᆞᆫ 息을 닷고미(脩出入息者ㅣ) <圓下三之二 47a>

　　 e. 수믈 조차 나며 드러(隨息出入) <圓下三之二 47b>

<6> 나다/없다

두 동사가 [生/滅]의 뜻을 가지고 逆動 관계에 있다. 원문 중 '生滅'이
'나며 업수미'로 번역된다. 그리고 '生'의 자석이 '나다'이고 '滅'의 자석
이 '없다'이다. 따라서 '나다'와 '없다'의 역동 관계는 명백히 입증된다.

(6) a. ᄒᆞ마 나며 업수미 업거니(旣無生滅커니) <月序 5b>

　　 b. 生은 날 씨오 滅은 업슬 씨라 <月序 5a>

　　 c. 貴ᄒ며 놀아오며 빗나며 빗 업수믜 ᄀᆞᆮ디 아니ᄒ니(貴賤華質之不
　　　　同이) <法華一 218a>

<7> 나다/좀다

두 동작동사가 [出/沉沒] 즉 '나다/잠기다'의 뜻을 가지고 逆動 관계
에 있다. 원문 중 '出…沉沒'이 '낫다가…좀ᄋᆞ다'로 번역된다. 따라서
'나다'와 '좀다'의 역동 관계는 명백히 입증된다.

(7) a. 男子 女人 百千萬數ㅣ 바롨 가온딕나락 ᄌᆞ모락 ᄒ거든 <月
　　　　二十一 23b>

　　 b. 愛河애 잢간 낫다가 도로 좀ᄂᆞ다(愛河애 暫出ᄒ야 還沉沒ᄒᄂ

다) <南明下 31a>

<8> 나아 돋니다/ㄱ마니 잇다

두 동작동사구가 [出/處] 즉 '나다니다/가만히 있다'의 뜻을 가지고 逆動 관계에 있다. 원문 중 '出處'가 '나아 돋니시며 ㄱ마니 겨시다'로 번역된다. 따라서 '나아 돋니다'와 'ㄱ마니 잇다'의 역동 관계는 명백히 입증된다.

(8) a. 부텨 나아 돋니시며 ㄱ마니 겨시던 처섬 ᄆᄎ믈 알리 노니(鮮有 知出處始終ᄒᄂ니) <釋序 2b>

<9> 낫다/므르다

두 동작동사가 [進/退] 즉 '나아가다/물러나다'의 뜻을 가지고 逆動 관계에 있다. 원문 중 '進退'가 '나ᅀᆞ며 므르다'로 번역된다. 따라서 '낫다'와 '므르다'의 역동 관계는 명백히 입증된다.

(9) a. 오직 낫고 믈룸 업수미 일후미 不退心이라(唯進이오 無退호미 名 不退心이라(<楞八 18a>
   b. 나ᅀᆞ며 므르는 ᄉᆞᅵ예(進退之間애) <楞九 72b>
   c. 나ᅀᆞ며 므르며 두려디 돌며 모 것거 도로매(進退周旋에) <內訓一 49b>

<10> 니러나다/敗亡ᄒᆞ다

두 동작동사가 [興/亡] 즉 '일어나다/패망하다'의 뜻을 가지고 逆動 관계에 있다. 원문 중 '興亡'이 '니러나며 敗亡호미'로 번역된다. 따라

서 '니러나다'와 '敗亡ᄒ다'의 역동 관계는 명백히 입증된다.

　　(10) a. 다ᄉ리며 어즈러우며 니러나며 敗亡호미(治亂興亡이) <內訓序
　　　　　6a>

<11> 닐다/갓ᄀᆞᆯ다

　두 동작동사가 [起/倒] 즉 '일어나다/거꾸로 되다'의 뜻을 가지고 逆動 관계에 있다. 원문 중 '起倒'가 '닐며 갓ᄀᆞ로ᄆᆞᆯ'로 번역된다. 따라서 '닐다'와 '갓ᄀᆞᆯ다'의 역동 관계는 명백히 입증된다.

　　(11) a. 뎌 衆生이 닐며 갓ᄀᆞ로ᄆᆞᆯ 므던히 너기고(任他衆生이 起倒ᄒ고)
　　　　　<<金삼五 48b>

<12> 닐다/滅ᄒ다

　두 동작동사가 [起/滅] 즉 '일어나다/없어지다'의 뜻을 가지고 逆動 관계에 있다. 원문 중 '念起念滅'이 '念이 닐며 念이 滅ᄒ다'로 번역되고 '妄念微塵起滅'이 '妄念微塵의 니룸과 滅홈'으로 번역된다. 따라서 '닐다'와 '滅ᄒ다'의 역동 관계는 명백히 입증된다.

　　(12) a. 念이 닐며 念이 滅호ᄆᆞᆯ 生死ㅣ라 니ᄅᆞᄂᆞ니(念起念滅ᄋᆞᆯ 謂之生
　　　　　死ㅣ니) <蒙法 69a>
　　　　b. 一切衆生이 妄念微塵의 니룸과 滅호미 긋디 아니호ᄆᆞᆯ 니버(一
　　　　　切衆生이 被妄念微塵의 起滅이 不停ᄒ야) <金剛 60a>

<13> 닐다/믈어디다

　두 동작동사가 [起/崩] 즉 '일어나다/무너지다'의 뜻을 가지고 逆動

관계에 있다.

(13) a. 우리 道理의 닐며 믈어듀미 오늜나래 잇ᄂ니이다 <月二 74b>

<14> 더으다/덜다

두 동작동사가 [增/減]과 [益/損] 즉 '더하다/덜다'의 뜻을 가지고 逆動 관계에 있다. 원문 중 '增減'이 '더으면 더러'로 번역되고 '益…損'이 '더으고…덜다'로 번역된다. 따라서 '더으다'와 '덜다'의 역동 관계는 명백히 입증된다.

(14) a. ᄒᆞᆫ두 句를 더으면 더러 ᄇᆞ리며 뿌디(增減一兩句之去取ᄒᆞ디)
   <月序 19b~20a>
   b. 날로 더으고 날로 더루미니라(日益日損者矢니라) <圓序 84a>

<15> 動ᄒᆞ다/ᄀᆞ마니시다

동작동사 '動ᄒᆞ다'와 동작동사구 'ᄀᆞ마니시다'가 [動/止] 즉 '움직이다/가만히 있다'의 뜻을 가지고 逆動 관계에 있다. 원문 중 '動止'가 '動ᄒᆞ며 ᄀᆞ마니슈믈'로 번역된다. 따라서 '動ᄒᆞ다'와 'ᄀᆞ마니시다'의 역동 관계는 명백히 입증된다. 동작동사구 'ᄀᆞ마니시다'는 'ᄀᆞ마니 이시다'의 축약으로 부사 'ᄀᆞ마니'와 상태동사 '이시다'의 결합이다.

(15) a. 動ᄒᆞ며 ᄀᆞ마니슈믈 堅固히 ᄒᆞ야(堅固動止ᄒᆞ야) <楞八 130b>

<16> ᄠᅳ다/ᄃᆞᆷ다

두 동작동사가 [浮/沉] 즉 'ᄠᅳ다/잠기다'의 뜻을 가지고 逆動 관계에 있다. 원문 중 浮沉'이 '뜨락 두무락'으로 번역된다. 따라서 '뜨다'와 '둠다'의 역동 관계는 명백히 입증된다.

(16) a. 뜨락 두무락 호미 水玉이 어즈러오니(浮沉亂水玉) <杜十五 18a>

b. 엇뎨 두무며 뜨며 호몰 혜리오(豈料沉與浮) <杜二十二 38a>

c. 믈와 믇과로 뜨며 두마 가져가몰 兼ᄒ놋다(水陸兼浮沉) <杜二十五 4b>

<17> 뜨다/줌다

두 동작동사가 [浮/沉] 즉 '뜨다/잠기다'의 뜻을 가지고 逆動 관계에 있다. 원문 중 '沉浮'가 'ᄌ무락 뜨락'으로 번역된다. 따라서 '뜨다'와 '줌다'의 역동 관계는 명백히 입증된다.

(17) a. 念覺支는 定慧롤 아라 平等케 ᄒ샤 念도 뜨며 ᄌ몸이쇼몰 보디 몯ᄒ실 씨오 <法華二 91b>

b. 흔 雙ㅅ 믌돌기 相對ᄒ야 ᄌ무락 쁘락 ᄒᄂ다(一雙鷄鵝對沉浮) <杜七 2a>

<18> 몯다/여희다

두 동작동사가 [合/離] 즉 '모이다/떠나다'의 뜻을 가지고 逆動 관계에 있다. 원문 중 '離…合'이 '여희에…몯게'로 번역된다. 따라서 '몯다'와 '여희다'의 역동 관계는 명백히 입증된다.

(18) a. 죽사릿 法은 모댓다가도 모딕여희ᄂ니이다 <釋十一 12a~12b>

b. 쏘 能히 구든 거슬 여희에 ᄒ며 다른 거슬 몯게 ᄒ며(亦能離堅合

異ᄒᆞ며) <內訓一 1b>

<19> 뮈다/ᄀᆞ마니 잇다

동작동사 '뮈다'와 동작동사구 'ᄀᆞ마니 잇다'가 [動/靜] 즉 '움직이다/가만히 있다'의 뜻을 가지고 逆動 관계에 있다. 원문 중 '動靜'이 '뮈욤과 ᄀᆞ마니 이숌'으로 번역된다. 따라서 '뮈다'와 'ᄀᆞ마니 잇다'의 역동 관계는 명백히 입증된다.

(19) a. 뮈욤과 ᄀᆞ마니 이쇼매 法 이쇼미(動靜有法이) <內訓一 14b>

<20> 샇다/흩다

두 동작동사가 [積/散] 즉 '쌓다/흩다'의 뜻을 가지고 逆動 관계에 있다. 원문 중 '積…散'이 '사하 두듸…흐트며'로 번역된다. 따라서 '샇다'와 '흩다'의 역동 관계는 명백히 입증된다.

(20) a. 사하 두듸能히 흐트며(積而能散ᄒᆞ며) <內訓一 7b>

<21> 盛ᄒᆞ다/衰ᄒᆞ다

두 동작동사가 [盛/衰] 즉 '성하다/쇠하다'의 뜻을 가지고 逆動 관계에 있다. 원문 중 '盛衰'가 '盛ᄒᆞ며 衰ᄒᆞ다'로도 번역되고 '盛커나 衰ᄒᆞ다'로도 번역된다. 따라서 '盛ᄒᆞ다'와 '衰ᄒᆞ다'의 역동 관계는 명백히 입증된다.

(21) a. 仁혼 사ᄅᆞ믄 盛ᄒᆞ며 衰호ᄆᆞ로 節个가ㅣ 롤 고티디 아니ᄒᆞ며(仁者不以盛衰改節) <三강烈 11b>

b. 지븨 盛커나 衰커나 호매 브튼 배니(家之所由盛衰也ㅣ니) <內
訓一 81a>

<22> 솟다/즘다

두 동작동사가 [湧/沉] 즉 '솟다/잠기다'의 뜻을 가지고 逆動 관계에
있다. 원문 중 '湧金塔'이 '金塔이 솟다'로 번역되고 '沉'이 'ᄌ마도'로
번역된다. 따라서 '솟다'와 '즘다'의 역동 관계는 명백히 입증된다.

(22) a. 須彌山도 소ᄉ락 ᄌ모락 <釋十一 15a>
   b. 須彌山이 즐겨 즘ᄋ며 소ᄉ며 十方 衆生이 大會예 오ᄉᆞᆯ니 <月
      曲 413> <月二十一 19a>
   c. 須彌山도 소ᄉ락 ᄌ모락 수기락 울월락 ᄒ더니 <月二十一
      207b>
   d. 바ᄅᆞᆺ 우희 金塔이 소ᄉ니(肆維海上迺湧金塔) <龍 83>
   e. 沉香ᄋᆞᆫ 므레 즘ᄂ 香이라 <月二 29a>
   f. 妄量 ᄇᆞᄅ미 부러 受苦ㅅ 바다해 ᄌ마 잇ᄂ니 <月九 22a>
   g. ᄌ마도 ᄒ리며 내야도 ᄒ리며(沉之可也ㅣ며 露之可也ㅣ며) <法
      華六 155a>

<23> 수기다/울월다

두 동작동사가 [低/仰] 즉 '숙이다/우러르다'의 뜻을 가지고 逆動 관
계에 있다. 원문 중 '低頭'가 '머리 수기다'로 번역되고 '仰思'가 '울워
러 ᄉ랑ᄒ다'로 번역된다. 따라서 '수기다'와 '울월다'의 역동 관계는
명백히 입증된다.

(23) a. 須彌山도 소르락 즈므락 수기락 월월락 ㅎ더니 <月二十一 207b>

b. 더욱 恭敬ㅎ슨바 몸 구펴 머리 수겨 合掌ㅎ야 <月十八 18b>

c. 울워러 聿追룰 스랑ㅎ건 댄(仰思聿追컨댄) <月序 17a>

d. 仰온 울월 씨라 <月序 16b>

e. 머리 수기고 冷히 안자(低頭冷座ㅎ야) <南明上 27a>

f. 모 것거 돌며 구브며 월월며(折旋府仰) <金삼二 11b>

<24> 숨다/나다

두 동작동사가 [隱/出] 즉 '숨다/나다'의 뜻을 가지고 逆動 관계에 있다.

(24) a. 世尊이…鷲峯山애셔 수므시면 忉利宮의 나시고 須彌山애셔 수므시면 炎摩宮의(42a) 나샤 <釋六 42b>

<25> 어울다/버을다

두 동작동사가 [合/離] 즉 '모이다/떠나다'의 뜻을 가지고 逆動 관계에 있다.

(25) a. 살면 모딕죽고 어울면 모딕버으는 거시니 <月二 15b>

b. 모믄 어울면 아로딕버을면 觸을 모르느니 <月十七 57a>

<26> 어울다/여희다

두 동작동사가 [合/離] 즉 '모이다/떠나다'의 뜻을 가지고 逆動 관계에 있다. 원문 중 '必合'이 '모로매 어울다'로 번역되고 '出離'가 '나 여

희다'로 번역된다. 그리고 '合'의 자석이 '어울다'이고 '離'의 자석이 '여
희다'이다. 따라서 '어울다'와 '여희다'의 역동 관계는 명백히 입증된다.

(26) a. 믈읫 字ㅣ 모로매 어울러사 소리 이ᄂ니(凡字ㅣ 必合而成音
ᄒᄂ니) <正音 12b>

b. 合은 어울 씨라 <正音 12a>

c. 모믄 어우러든 能히 알고 여희여든 觸을 아디 몯ᄒᄂ니(身은 合
ᄒ야든 能覺ᄒ고 離ᄒ야든 不知觸ᄒᄂ니) <法華六 26b>

d. 여의욿 道롤 求코져 홇딘댄(要求出離之道 ㄴ댄) <月序 15a>

e. 離ᄂ 여흴 씨라 <月序 14b>

f. 卽을 여희며 非룰 여희며(離卽離非ᄒ며) <楞四 53a>

<27> 얼다/녹다

두 동작동사가 [凍/融] 즉 '얼다/녹다'의 뜻을 가지고 逆動 관계에 있
다. '凍'의 자석이 '얼다'이고 원문 중 '融'이 '녹거니와'로 번역된다. 따
라서 '얼다'와 '녹다'의 역동 관계는 명백히 입증된다.

(27) a. 치버 므리 어렛다가 더브면 노가 므리 드외ᄂ니라 <月九 23b>

b. 凍은 얼 씨오 <楞八 82>

c. 理엔 녹거니와(於理則融커니와) <楞十 19b>

<28> 얼우다/노기다

두 동작동사가 [氷/釋] 즉 '얼리다/녹이다'의 뜻을 가지고 逆動 관계
에 있다. 원문 중 '氷又釋'이 '얼우시고 쏘 노기시다'로 번역된다. 따라
서 '얼우다'와 '노기다'의 역동 관계는 명백히 입증된다.

(28) a. 얼우시고 또 노기시니(旣氷又釋) <龍 20>

　　　b. 두려이 노가 自在ᄒᆞ니(圓融自在ᄒᆞ니) <楞八 81a>

　　　c. 妄히 섯거 노기논 말 호미라(而妄爲混融之說也ㅣ라) <楞九
　　　　 91a>

<29> 오ᄅᆞ다/ᄂᆞ리다

두 동작동사가 [升/降]과 [上/下] 즉 '오르다/내리다다'의 뜻을 가지고
逆動 관계에 있다. 원문 중 '升降'이 '오ᄅᆞ며 ᄂᆞ리다'로 번역되고 '上下'
가 '오ᄅᆞᄂᆞ리다'로 번역된다. 따라서 '오ᄅᆞ다'와 'ᄂᆞ리다'의 역동 관계는
명백히 입증된다.

　　(29) a. 그 金像이 象 우희 오ᄅᆞ락 알 ᄂᆞ리락 ᄒᆞ야 生弗이 ᄀᆞᄐᆞ시며 <釋
　　　　　 十一 13b>

　　　　　b. 各各 셜흔 여슷 디위를 오ᄅᆞᄂᆞ리시니 <月一 20b>

　　　　　c. 오ᄅᆞ며 ᄂᆞ리며 나며 드로매(升降出入에) <內訓一 49b>

　　　　　d. 數 업슨 존자리ᄂᆞᆫ ᄀᆞᄌᆞ기 오ᄅᆞᄂᆞ리거늘(無數蜻蜓齊上下) <杜七
　　　　　 2a>

<30> 이긔다/계우다

두 동작동사가 [勝/負] 즉 '이기다/지다'의 뜻을 가지고 逆動 관계에
있다. 원문 중 '勝負'가 '이긔며 계우다'로 번역된다. 따라서 '이긔다'와
'계우다'의 역동 관계는 명백히 입증된다.

　　(30) a. 그 後에ᅀᅡ 외니 올ᄒᆞ니 이긔니 계우니 홀 이리 나니라 <月一
　　　　　 42b>

b. 우리옷 계우면 큰 罪롤 닙습고 ᄒ다가 이긔면 거즛이롤 더르쇼
셔 ᄒ야놀 <月二 72b>

c. 이긔며 계우는 ᄆᅀᆞ미 업스며(無勝負心ᄒᆞ며) <金剛下 151b>

<31> 이러셔다/업더디다

두 동작동사가 [成立/覆墜] 즉 '일어서다/엎어지다'의 뜻을 가지고
逆動 관계에 있다. 원문 중 '成立…覆墜'가 '이려셔미…업더듀미'로 번
역된다. 따라서 '이러셔다'와 '업더디다'의 역동 관계는 명백히 입증된
다.

(31) a. 이러셔미 어려우믄 하늘해 올옴 곧고 업더듀미 쉬우믄 터리 ᄉᆞ
롬 곧ᄒᆞ니(成立之難은 如升天ᄒᆞ고 覆墜之易는 如燎毛ᄒᆞ니) <內
訓一 34a>

<32> 주다/앗다

두 동작동사가 [施與/劫奪] 즉 '주다/빼앗다'의 뜻을 가지고 逆動 관
계에 있다. 원문 중 '施與劫奪'가 '줌과 아ᅀᅩᆷ'으로 번역된다. 따라서 '주
다'와 '앗다'의 역동 관계는 명백히 입증된다.

(32) a. 줌과 아ᅀᅩ매 므스기 得이며 므스기 失이리오(施與와 劫奪애 何
得何失이리오) <永嘉下 18b>

<33> 增ᄒ다/減ᄒ다

두 동작동사가 [增/減] 즉 '더하다/덜다'의 뜻을 가지고 逆動 관계에
있다.

(33) a. ㄱ장 增ᄒ면 八萬 히롤 살오 ㄱ장 減ᄒ면 열 히롤 살리라 <月一 48a>

b. 사ᄅ미 목수미 減ᄒ야 <月一 47a>

<34> 지다/여위다

두 동작동사가 [肥/瘦] 즉 '찌다/여위다'의 뜻을 가지고 逆動 관계에 있다. 원문 중 '肉瘦'가 '솔히 여위다'로 번역된다. 따라서 '지다'와 '여위다'의 역동 관계는 명백히 입증된다.

(34) a. 솔히 지도 여위도 아니ᄒ니라 <月一 26b>

b. 솔히 여위니 豺狼을 전노라(肉瘦怯豺狼) <杜二十 37b>

<35> 通ᄒ다/막다

두 동작동사가 [通/塞] 즉 '통하다/막히다'의 뜻을 가지고 逆動 관계에 있다. 원문 중 '通塞'이 '通ᄒ락 마ᄀ락'으로 번역된다. 따라서 '通ᄒ다'와 '막다'의 역동 관계는 명백히 입증된다.

(35) a. 衆生이 無明 구디 미조ᄆ로 地大롤 感ᄒ야 마가 通티 몯ᄒ야 妙明을 ㄱ릴ᄊ | <月十四 17b>

b. 길히 ᄠ로 通ᄒ록 마ᄀ락 ᄒᄂ니(道路時通塞) <杜十一 53a>

<36> 펴다/구피다

두 동작동사가 [開/屈] 즉 '펴다/굽히다'의 뜻을 가지고 逆動 관계에 있다. 원문 중 '開…屈'가 '피시곡…구피시고'로 번역된다. 따라서 '펴다'와 '구피다'의 역동 관계는 명백히 입증된다.

(36) a. 如來ㅣ 大衆 中에 다숫 輪指를 구피샤 구피시곡 또 펴시며 펴시
곡 또 구피시고(如來ㅣ 於大衆中에 屈五輪指ᄒ샤 屈已復開ᄒ
시며 開已又屈ᄒ시고) <楞一 108b>

<37> 펴다/쥐다

두 동작동사가 [開/合] 즉 '펴다/쥐다'의 뜻을 가지고 逆動 관계에 있
다. 원문 중 '開合'이 '펴락 쥐락'으로 번역된다. 따라서 '펴다'와 '쥐다'
의 역동 관계는 명백히 입증된다.

(37) a. 阿難이 슬오ᄃᆡ世尊이···寶手를 衆中에 펴락 쥐락 거시늘 내 如
來ㅅ 소니 즛(108b)개 펴락 쥐락 ᄒ샤ᄆᆞᆯ 보ᅀᆞ올 ᄲᅮ니언뎡 내이
보논 性이 펴미 이시며 쥐유미 잇디 아니ᄒ니이다(世尊이 言ᄒ
ᄃᆡ世尊이 寶手를 衆生에 開合거시늘 我ㅣ 見如來ㅅ 手ㅣ 自開
合이언뎡 非我見性이 有開有合이어다) <楞一 109a>
b. 닐오ᄃᆡ性이 폄과 쥐욤괘 아니며 性이 靜ᄒ며 머므루미 업다 ᄒ
니라(曰性이 非開合이며 性이 無靜住ㅣ라 ᄒ니라) <楞一 109b>

<38> 프다/디다

두 동작동사가 [開/落] 즉 '피다/지다'의 뜻을 가지고 逆動 관계에 있
다. 원문 중 '花開花落'이 '곳 프며 곳 듐'으로 번역된다. 따라서 '프다'
와 '디다'의 역동 관계는 명백히 입증된다.

(38) a. 고지 프며 고지 듐매 니르리(花開花落) <金삼二 6b>
b. 곳 프며 곳 듀믄 어느 사ᄅᆞᆷ 爲ᄒᄂᆞ뇨(花開花落은 爲誰人고) <南
明上 57b>

c. 바회 ᄀ샛 모든 고지 제 프락 디락 ᄒ도다(巖畔群花ㅣ 自開落ᄒ
  놋다) <南明上 3a>

<39> 헐다/암ᄀᆞᆯ다

두 동작동사가 [헐다/아물다]의 뜻을 가지고 逆動 관계에 있다.

(39) a. 갈해 헌 싸ᄒᆞᆯ 旃檀香 ᄇᆞ르면 즉자히 암ᄀᄂᆞ니라 <月一 27a>
  b. 往生偈ᄅ 외오시면 헌 오시 암ᄀᆞᆯ며 골ᄑᆞᆫ 비도 브르리이다 <月八
    83a> <月曲 233>

제6절
結語

지금까지 十五世紀 國語의 對立語를 순수히 共時的으로 고찰해 왔다. 이를 要約하면 다음과 같다.

제1절에서는 研究對象과 範圍를 비롯하여 對立語에 대한 先行研究 및 對立語의 分類가 논의된다. 對立語는 反義語, 相補語, 逆義語 및 方向 對立語로 나누어진다.

제2절에서는 反義語가 兩極 반의어, 重疊 반의어, 等價 반의어 및 動作動詞 對立語의 넷으로 나뉘어 고찰된다.

첫째 양극 반의어들은 전형적으로 평가상 中立的이고 객관적으로 記述的이다. 대부분의 경우에 기저의 척도 매겨진 속성은 인치, 그램 또는 시간당 마일과 같은 관습적인 단위들로 측정될 수 있다. 양극 반의어의 예를 들면 다음과 같다. long/short, heavy/light, fast/slow, high/low, deep/shallow, wide/narrow, thick/thin, difficult/easy.

양극 반의어에는 [貧/富] 즉 '가난하다/부유하다'의 뜻을 가진 '가난

ᄒ다/가ᄉᆞ멸다'를 비롯하여 [輕/重] 즉 '가볍다/무겁다'의 뜻을 가진 '가
ᄇᆡ얍다/므겁다' 등 43 항목이 있다.

중첩 반의어들은 모두 評價的 兩極性을 그것들의 의미의 일부분
으로 가진다. 한 항은 칭찬이고(예, good, pretty, polite, kind, clean,
safe, honest) 다른 항은 비난이다(예, bad, plain, rude, cruel, dirty,
dangerous, dishonest).

중첩 반의어에는 [貴/賤] 즉 '귀하다/천하다'의 뜻을 가진 '貴ᄒ다/놀
압다'를 비롯하여 [貴/劣] 즉 '낫다/못하다'의 뜻을 가진 '貴ᄒ다/사오납
다' 등 22 항목이 있다.

모든 등가 반의어들은 수는 많지 않지만 主觀的 감각이나 감정(예,
hot/cold, happy/sad)을 또는 客觀的 기준보다는 주관적 반응에 바탕
을 둔 評價(예, nice/nasty, pleasant/unpleasant)를 뚜렷이 가리킨다.

등가 반의어에는 [甜/苦] 즉 '달다/쓰다'의 뜻을 가진 '돌다/쓰다'를
비롯하여 [炎/寒] 즉 '뜨겁다/차다'의 뜻을 가진 '덥다/ᄎ다'와 [熱/冷]
즉 '뜨겁다/차다'의 뜻을 가진 '셜ᄒ다/링ᄒ다'와 [樂/辛苦] 즉 '즐겁다/
수고롭다'의 뜻을 가진 '즐겁다/受苦ᄅᆞ빙다'가 있다..

한 무리의 動作動詞 對立語들은 hot/cold와 같은 等價 반의어들과
많은 특징들을 共有한다. like/dislike를 고찰해 보자. 그것들은 심리적
상태를 나타낸다.(happy/sad 참조). 그것들은 완전하게 등급적이다(I
quite like it, I like her enormously). 그리고 대립하는 양극 사이에
中立地域(neutral area)이 존재한다. (I neither like nor dislike her-
she leaves me totally in different). 그 항들간의 관계는 hot와 cold
간의 관계처럼 대립 방향에서 바깥쪽으로 향하는 두 개의 비중첩적 척
도로 모형화될 수 있다.

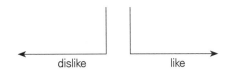

dislike   like

이 型의 다른 예들은 despise/admire 및 approve/disapprove이다. please/displease는 구조적 관계에서는 유사하지만 경험자가 직접 목적어라는 것에서 상이하다.

동작동사 대립어에는 [讚/毁] 즉 '기리다/헐뜯다'의 뜻을 가진 '기리다/할아다'를 비롯하여 [深/淺] 즉 '깊게 하다/얕게 하다'의 뜻을 가진 '기피다/녀토다' 등 13 항목이 있다.

제3절에서는 相補語가 논의된다. 모든 對立語들 중에서 相補語는 개념적으로 가장 단순한 것이다. 한 쌍의 相補語들의 본질은 그것들이 어떤 개념적 영역을 두 개의 상호 배타적인 구획들로 철저히 구분하는 데 있다. 그래서 구획들 중의 하나에 속하지 않는 것은 반드시 다른 구획에 속하지 않으면 안 된다. 中立地域이 존재하지 않는다. 다시 말해 한 쌍의 상보어들 사이에 제3항의 가능성이 없다. 상보어들의 예는 다음과 같다 : true/fals, dead/alive, open/shut, hit/miss(과녁), pass/fail(시험).

임지룡(1989: 26-28)에 의하면 상보어는 네 가지 특성을 가진다.

첫째 상보어는 단언과 부정에 대한 상호 함의 관계가 성립된다.

둘째 상보어는 대립 관계에 있는 두 어휘 항목을 동시에 긍정하거나 부정하게 되면 모순이 일어난다.

셋째 상보어는 정도어로써 수식이 불가능하며 비교 표현으로 사용될 수 없다.

넷째 상보어는 평가의 기준이 절대적이다. 예컨대, '남자'와 '여자', '살다'와 '죽다'의 對立은 어떤 시대 어떤 지역에서도 뚜렷이 구별되는 절대적 사항이다.

명사 상보어에는 [君子/小人]의 뜻을 가진 '君子/小人'을 비롯하여 [男子/女子]의 뜻을 가진 '男子/겨집' 등 37 항목이 있다.

동작동사 상보어에는 [生/死] 즉 '태어나다/죽다'의 뜻을 가진 '나다/죽다'를 비롯하여 8 항목이 있다.

제4절에서는 逆義語가 고찰된다. 反義語와 相補語와 구별되는 것이 逆義語(converse)이다. 역의어의 예로 husband/wife, buy/sell을 들 수 있다.

역의어 즉 關係 對立語(relational opposite)는 두 실재물들의 관계를 다른 실재물에 상대적인 한 실재물의 방향을 어떤 軸을 따라 明示함으로써 나타내는 쌍들로 구성된다. 상이한 위치에 있는 두 對象物 A와 B에 있어서 B에 상대적인 A의 方向은 A에 상대적인 B의 방향의 정반대이다. 그러므로 A와 B의 관계를 A나 B를 기준점으로 취하여 두 개의 논리적으로 等價인 방식으로 나타낼 수 있다. 그래서 A가 B보다 더 높으면 'A가 B의 위에 있다'거나 'B가 A의 아래에 있다'라고 말할 수 있다.

역의 관계는 상호적인 사회적 역할들과 관계 있는 어휘의 영역(의사/환자, 主人/下人 등)에서, 친족 관계(부모/자식 등)에서 그리고 시간적이고 공간적인 관계(위/아래, 앞/뒤)에서 흔하다.

역의 관계는 동작동사들 '팔다/사다, 주다/받다, 가르치다/배우다'에서도 성립된다.

명사 역의어에는 [過去/現在/未來]의 뜻을 가진 '過去/現在/未來'를 비롯하여 [官, 公/私] 즉 '관청/개인'의 뜻을 가진 '그위/아룸' 등 33 항목이 있다.

동작동사 역의어에는 [悟/迷] 즉 '알다/모르다'의 뜻을 가진 '알다/모르다'를 비롯하여 3 항목이 있다.

부사 역의어에는 [前/後] 즉 '먼저/뒤에'의 뜻을 가진 '몬져/後에'와 [旣/今/將] 즉 '이미/지금/장차'의 뜻을 가진 '흐마/이제/쟝ᄎ'가 있다.

제5절에서는 方向 對立語가 逆動語로 大別되어 논의된다.

첫째 대척어는 方向 對立의 極端을 나타내는 대립어로서 대립쌍에서 한 요소는 어떤 방향의 軸을 따라 한 쪽의 극단을 나타내고 다른 한 요소는 대립 방향의 극단을 나타낸다.

대척어에는 [本/末] 즉 '밑/끝'의 뜻을 가진 '根本/枝末'를 비롯하여 [本/末] 즉 '근원/끝'의 뜻을 가진 '根源/귿' 등 21 항목이 있다.

둘째 逆動語는 對立 方向으로의 移動이나 변화를 나타내는 동작동사의 쌍들로 구성된다. 역동어에는 [去/來] 즉 '가다/오다'의 뜻을 가진 '가다/오다'를 비롯하여 [長/消] 즉 '길다/스러지다'의 뜻을 가진 '길다/스러디다' 등 39 항목이 있다.

15世紀 國語 引用資料 目錄

略 號

<正音>, 諺解本 訓民正音(144?) : 姜信沆 譯註(1974) 所收 영인본.

　<釋>, 釋譜詳節(1447) :

　卷 3 : 千柄植(1985) 所收 영인본,

　卷 6, 6, 13, 19 : 한글학회 영인본(1961).

卷 11 : 語 乄學會(大邱) 영인본(1959).

卷 23, 24 : 金英培(1972) 所收 영인본.

<月曲>, 月印千江之曲(1449) : 國語學 1(1962)에 붙은 영인본.

<月>, 月印釋譜(1459) :

卷 1, 2 : 西江大學校 人文科學硏究所 영인본(1972).

卷 7, 8 : 弘文閣 영인본.

卷 9, 10 : 延世大學校 東方學硏究所 영인본(1956).

卷 13, 14 : 弘文閣 영인본(1982).

卷 17, 18 : 延世大學校 東方學硏究所 영인본(1957).

卷 21, 23 : 弘文閣 영인본(1983).

卷 22 : 月印千江之曲 부분은 金英培(1985a)에 실려 있고
釋譜詳節 부분은 金英培(1985b)에 실려 있음.

<楞>, 楞嚴經諺解(1462) : 寶蓮閣 영인본(1982).

<法華>, 法華經諺解(1463) : 東國大學校 영인본(1960).

<永嘉>, 禪宗永嘉集諺解(1463).

<金剛>, 金剛經諺解(1464) : 大提閣 영인본(1985).

<阿彌>, 阿彌陀經諺解(1464) : 大提閣 영인본(1980).

<圓>, 圓覺經諺解(1465) : 寶運閣 영인본(1980).

<內訓>, 內訓(1475) : 延世大學校 人文科學硏究所 영인본(1969).

<杜>, 杜詩諺解(1481) :

卷 3 : 「韓國語硏究」5의 영인본(2008)

卷 6 : 國語學資料選集(Ⅱ) (國語學會편)의 영인본(1971).

卷 7, 8 : 通文館 영인본(1954).

卷 10, 11, 14 : 세종대왕 기념사업회 영인본(1978).

卷 15, 16 : 通文館 영인본(1959).

卷 20~25 : 通文館 영인본(1955).

<三강> 三綱行實圖(1481)

<金삼>, 金鋼經三家解(1482) :

卷 1 : 한글학회 영인본(1982).

卷 2~3 : 한글학회 영인본(1960)

卷 4~5 : 한글학회 영인본(1961)

<南明>, 南明集諺解(1482) :

卷上 : 檀國大學校 國語國文學科 영인본(1973).

卷下 : 檀國大學校 國語國文學科 영인본(1972).

<六祖>, 六祖法寶壇經諺解(1467) 弘文閣

<救간>, 救急簡易方(1489)

제**3**장

1510年代 國語의 對立語 研究

제1절
序論

이 논문은 1510년대 國語의 對立語를 순수히 共時的인 관점에서 연구하는 데 그 목적이 있다.

先行 研究에는 南星祐(1991)와 南星祐(2018)가 있다. 南星祐(1991)는 15세기 국어의 對立語를 反義語, 相補語, 逆義語 및 方向 對立語로 나누어 고찰하고 있다. 南星祐(2018)는 16세기 國語의 對立語를 反義語, 相補語, 逆義語 및 方向 對立語로 나누어 고찰하고 있다.

對立語의 대표적인 분류로 Lyons(1977)의 것과 Cruse(1986)의 것을 들 수 있다. Lyons(1977: 270-287)에는 네 종류의 語彙的 對立이 제시되어 있는데 反義性(antonymy), 相補性(complementarity), 逆義性(converseness) 및 方向的 對立(directional opposition)이 그것이다.

이 논문에서는 Lyons(1977)의 분류를 援用하여 反義語, 相補語, 逆義語 및 方向 對立語로 나누어 1510년대 국어의 對立語를 고찰하려고 한다.

이 논문에서 사용된 문헌들은 다음과 같다. 1520년대 문헌인『訓蒙字會』(1527)를 연구 자료로 삼은 것은 그것이 그 당시까지 존재했던 最古의 字釋 자료이기 때문이다.

略號 文獻名

<四解> 四聲通解(1517): 弘文閣 영인본(1998).

<번小> 飜譯小學(1518).

　　　卷34:

　　　卷67: 弘文閣 영인본(1984).

　　　卷8910: 弘文閣 영인본(1984).

<呂約> 呂氏鄕約諺解(1518): 檀國大學校 東洋學硏究所(1976).

<번老> 飜譯老乞大(1950년대).

　　　上: 中央大學校 出版局(1972).

　　　下: 仁荷大學校 人文科學硏究所(1975).

<번朴> 飜譯朴通事(1510년대): 慶北大學校大學院 國語國文學科

　　　硏究所(1959).

<字會> 訓蒙字會 叡山本(1527): 檀國大學校 東洋學硏究所(1971).

제2절
反義語

反義는 語彙에서 발견되는 가장 명백한 二元的 對立(binary opposition)들 중의 하나이다. 反義의 예를 들면 다음과 같다. 길다/짧다, 어렵다/쉽다, 좋다/나쁘다 등. 反義語는 대부분이 狀態動詞이고 소수가 動作動詞이다.

反義를 결정하는 데 중요한 개념이 等級化(grading)이다. 語彙的 對立을 等級化가 가능한 것과 불가능한 것으로 나눌 수 있는데 등급화가 가능한 것이 等級的 對立語(gradable opposite)이고 불가능한 것이 非等級的 對立語(ungradable opposite)이다. 둘 중 等級的 對立語가 反義語(antonym)이다. Cruce(1986: 204)는 반의어들이 共有하는 특징들의 하나로 等級 可能性(gradability)을 들고 있다.

2.1. 狀態動詞에서의 反義語

상태동사에서의 反義語에는 [貧/富] 즉 '가난하다/부유하다'의 뜻을 가진 '가난ᄒ다/가ᅀ멸다'를 비롯하여 43 항목이 있다.

<1> 가난ᄒ다/가ᅀ멸다

두 상태동사가 [貧/富] 즉 '가난하다/부유하다'의 뜻을 가지고 反義 관계에 있다. 원문 중 '富…貧'이 '가ᅀ멸미…가난ᄒ며'로 번역되고 '以富呑貧'이 '가ᅀ며로ᄆ로 가난ᄒ니를 뫼화 드리다'로 번역된다. 따라서 '가난ᄒ다'와 '가ᅀ멸다'의 반의 관계는 명백히 입증된다.

(1) a. 가ᅀ멸며 귀ᄒ며 가난ᄒ며 쳔ᄒ며 나ᄆ라며 기리며 깃븐 이리며 측흔 이레(其於富貴貧賤毁譽歡戚애) <번小十 20b>
　　 b. 가ᅀ며로ᄆ로 가난ᄒ니를 뫼화 드리디 말며(無以富로 呑貧ᄒ며) <번小六 37a>

<2> 가비얍다/므겁다

두 상태동사가 [輕/重] 즉 '가볍다/무겁다'의 뜻을 가지고 反義 관계에 있다. 원문 중 '輕重'이 '가비야오며 므거우며'로 번역된다. 따라서 '가비얍다'와 '므겁다'의 반의 관계는 명백히 입증된다.

(2) a. 말ᄉᆞᆷ과 거동이 가비야오며 므거우며 ᄲᆞᄅᆞ며(14a) 랄호여 호매(辭令容止輕重疾徐예) <번小八 14b>
　　 b. 가비야온 지므란 ᄒᆞᆫ듸 뫼호고 므거운 지므란 ᄂᆞᆫ호고(輕任을 幷ᄒ고 重任을 分ᄒ고) <번小三 33a>

<3> 갓갑다/멀다

두 상태동사가 [近/遠] 즉 '가깝다/멀다'의 뜻을 가지고 反義 관계에 있다. 원문 중 '近遠'이 '갓가온가 먼가'로 번역되고 '近…遠'이 '갓가온 일…먼 일'로 번역된다. 따라서 '갓갑다'와 '멀다'의 반의 관계는 명백히 입증된다.

    (3) a. 閣애셔 쭈미 언메나 갓가온가 먼가(離閣有多小近遠) <번老上 48b>
        b. 시졀의 學者 갓가온 일란 ᄇ리고 먼 일에 헤ᄃ니며(世之學者ㅣ 捨近而趨遠ᄒ며) <번小九 19a>

<4> 강건ᄒ다/슌ᄒ다

두 상태동사가 [剛/柔] 즉 '단단하다/부드럽다' 및 '剛健하다/柔順하다'의 뜻을 가지고 反義 관계에 있다. 원문 중 '剛柔'가 '강건ᄒ며 슌ᄒ다'로 번역된다. 따라서 '강건ᄒ다'와 '슌ᄒ다'의 반의 관계는 명백히 입증된다.

    (4) a. 남지니 계집의게 몬져 가문 강건ᄒ며 슌ᄒ 쁘디니(男先於女ᄂᆞᆫ 剛柔之義也ㅣ니) <번小三 15a>

<5> 검박ᄒ다/샤치ᄒ다

두 상태동사가 [儉/奢] 즉 '儉朴하다/奢侈하다'의 뜻을 가지고 反義 관계에 있다. 원문 중 '儉以成立之…奢傲以覆之'가 '검박호ᄆ로 일위 셰다…샤치ᄒ며 오만호ᄆ로 업더디다'로 번역된다. 따라서 '검박ᄒ다'와 '샤치ᄒ다'의 반의 관계는 명백히 입증된다.

(5) a. 조샹이…검박ᄒᆞᄆᆞ로 일워 셰디 아니리 업고 ᄌᆞ손이…샤치ᄒᆞ며
오만호ᄆᆞ로 업더디디 아니ᄒᆞ리 업ᄂᆞ니(莫不由祖先의…儉ᄒᆞ야
以成立之ᄒᆞ고 莫不由子孫의…奢傲ᄒᆞ야 以覆墮之ᄒᆞᄂᆞ니) <번小
六 20b>

<6> 굵다/ᄀᆞᄂᆞᆯ다

두 상태동사가 [麤/細] 즉 '굵다/가늘다'의 뜻을 가지고 反義 관계에
있다. 원문 중 '細的價錢 麤的價錢'이 'ᄀᆞᄂᆞ니옛 갑과 굴그니옛 값'으
로 번역된다. 따라서 '굵다'와 'ᄀᆞᄂᆞᆯ다'의 반의 관계는 명백히 입증된
다.

(6) a. 이ᄂᆞᆫ 너므 ᄀᆞᄂᆞᆯ오 이ᄂᆞᆫ ᄯᅩ 굴고 둔박ᄒᆞ다(這的 忒細 這的却又麤
俙) <번老下 32a>
b. 네 이 모시뵈 ᄀᆞᄂᆞ니옛 갑과 굴그니옛 갑슬 언머음 받고져 ᄒᆞᄂᆞ
다(你這毛施布 細的價錢 麤的價錢 要多小) <번老下 59a>
c. 솔오즌 ᄀᆞᄅᆞᆯ오 노흔 굴그니(錐兒細線麤) <번老下 53a>
d. 내 굴그며 ᄀᆞᄂᆞᆫ 이ᄅᆞᆯ 모ᄅᆞᄂᆞᆫ 거셔(不知道我的麁和細) <번朴上
41a>

<7> 굵다/햑다

두 상태동사가 [大/小] 즉 '크다/작다'의 뜻을 가지고 反義 관계에 있
다. 원문 중 '大小刀'가 '굴근 햐근 갈'로 번역된다. 따라서 '굵다'와 '햑
다'의 반의 관계는 명백히 입증된다.

(7) a. 굴근 햐근 갈 뫼화 일빅 볼(大小刀子共一百副) <번老下 68b>

\<8\> 굵다/횩다

두 동작동사가 [大/細] 즉 '크다/작다'의 뜻을 가지고 反義 관계에 있다. 원문 중 '細樂大樂'이 '횩근 풍류와 굴근 풍뉴들'로 번역된다. 따라서 '굵다'와 '횩다'의 반의 관계는 명백히 입증된다.

    (8) a. 관원들토…횩근 풍류와 굴근 풍뉴들 다 히이시며(官人們也…動
          細樂大樂) \<번朴上 71a\>
       b. 기ᄅ논 횩근 즘싱과 굴근 즘싱도 이시며(孳畜頭口有來) \<번老下
          48b\>

\<9\> 귀ᄒ다/쳔ᄒ다

두 상태동사가 [貴/賤] 즉 '귀하다/천하다'의 뜻을 가지고 反義 관계에 있다. 원문 중 '貴賤'이 '귀ᄒ며 쳔ᄒ다'로 번역된다. 따라서 '귀ᄒ다'와 '쳔ᄒ다'의 반의 관계는 명백히 입증된다.

    (9) a. 쏘 귀ᄒ며 쳔ᄒ며 댱슈ᄒ며 단명호미 일로브터 일녕ᄒᄂ니라(亦
          貴賤壽夭之所由定也ㅣ니라) \<번小八 14b\>
       b. 가ᅀᆞ멸미 귀ᄒ며 가난ᄒ며 쳔ᄒ며 나ᄆᆞ라며 기리며 깃븐 이리며
          측ᄒᆫ 이레(其於富貴貧賤毀譽歡戚애) \<번小十 20b\>

\<10\> 길다/댜ᄅ다

두 상태동사가 [長/短] 즉 '길다/짧다'의 뜻을 가지고 反義 관계에 있다. 원문 중 '長短'이 '기니 댜ᄅ니'로 번역된다. '기니'는 명사구로 '기-('길-'의 이형태)+ㄴ#이'로 분석되고 '댜ᄅ니'는 명사구로 '댜ᄅ+ㄴ#이'로 분석된다. 따라서 '길다'와 '댜ᄅ다'의 반의 관계는 명백히 입증된다.

(10) a. 기픠 여틔 기니 뎌르니 되디 몯ᄒ리라(深淺長短不可量) <번朴上
67b>

<11> 吉ᄒ다/凶ᄒ다

두 상태동사가 [吉/凶]의 뜻을 가지고 反義 관계에 있다. 원문 중 '吉
人…凶人'이 '길흔 사ᄅᆞᆷ…흉흔 사ᄅᆞᆷ'으로 번역되고 '吉也者…凶
也者'가 '吉흔 사ᄅᆞᆷ…凶흔 사ᄅᆞᆷ'으로 번역되고 '吉凶'이 '길ᄒ며
흉ᄒ다'로 번역된다. 따라서 '吉ᄒ다'와 '凶ᄒ다'의 반의 관계는 명백히
입증된다.

(11) a. 길흔 사ᄅᆞᆷ 어딘 이를 호딘 나를 不足히 너겨 ᄒ거든 흉흔 사
ᄅᆞᆷ 왼 이를 호딘 ᄯᅩ 나를 不足히 너겨 ᄒᄂ다 ᄒ니(吉人은 爲
善호딘 惟日不足ㅣ어든 凶人은 爲不善호딘 亦惟日不足ㅣ라 ᄒ
니) <번小六 31b>
b. 너희들흔 길흔 사ᄅᆞ미 ᄃᆞ외오져 ᄒ녀 흉흔 사ᄅᆞ미 ᄃᆞ외오져 ᄒ
녀(汝等은 欲爲吉人乎아 欲爲凶人乎아) <번小六 31b>
c. 吉흔 사ᄅᆞᆷ(30a)……凶흔 사ᄅᆞ미란……(吉也者ᄂ……凶也者
ᄂ……) <번小六 30b>
d. 길ᄒ며 흉ᄒ며 영화로온 이리며 욕도인 이리 그 블른 대로 ᄒᄂ
니(吉凶榮辱이 惟其所召ㅣ니) <번小八 10b>

<12> 깊다/옅다

두 상태동사가 [深/淺] 즉 '깊다/얕다'의 뜻을 가지고 反義 관계에 있

다. 원문 중 '深淺'이 '기픠 여틔'로 번역된다. 따라서 '깊다'와 '옅다'의
반의 관계는 명백히 입증된다. '기픠'는 상태동사 '깊다'의 전성명사로
'깊+-의'로 분석되고 '여틔'는 상태동사 '옅다'의 전성명사로 '옅+-의'
로 분석된다.

> (12) a. 기픠 여틔 기니 댜루니 되디 몯ᄒ리라(深淺長短不可量) <번朴上
> 67b>

<13> ᄌᆞᆺᄌᆞᆺᄒ다/흐리다

두 상태동사가 [淸/濁] 즉 '맑다/흐리다'의 뜻을 가지고 反義 관계에
있다. 원문 중 '淸濁'이 '사ᄅ미 ᄌᆞᆺᄌᆞᆺᄒ나 흐리다'로 의역된다. 따라서
'ᄌᆞᆺᄌᆞᆺᄒ다'와 '흐리다'의 반의 관계는 명백히 입증된다.

> (13) a. 사ᄅ미 ᄌᆞᆺᄌᆞᆺᄒ나 흐리나 다 일티 아녀(淸濁無所失ᄒ야) <번小
> 六 14b>

<14> 놀다/흔ᄒ다

두 상태동사가 [貴/賤] 즉 '드물다/흔하다'의 뜻을 가지고 反義 관계
에 있다. 원문 중 '貴賤'이 '노던가 흔튼가'로 번역된다. 그리고 '貴處'가
'논 ᄃᆡ'로 번역되고 '賤處'가 '흔ᄒ ᄃᆡ'로 번역된다. 따라서 '놀다'와 '흔
ᄒ다'의 반의 관계는 명백히 입증된다.

> (14) a. 서울 머글 거슨 노던가 흔턴가(京裏喫食貴賤) <번老上 9a>
> b. 콩딥 논 ᄃᆡᆫ…콩딥 흔ᄒ ᄃᆡᆫ(草料貴處…草料賤處) <번老上 12a>

<15> 높다/ᄂᆞᆺ갑다

두 상태동사가 [高/下], [高/低] 및 [上/下] 즉 '높다/낮다'의 뜻을 가지고 反義 관계에 있다. 원문 중 '下⋯高'가 'ᄂᆞᆺ가온 ᄃᆡ⋯놉픈 ᄃᆡ'로 번역된다. '高低'가 '노ᄑᆞ며 ᄂᆞᆺ갑다'로 번역된다. 그리고 '人之上下'가 '신품의 놉ᄂᆞᆺ가이'로 번역된다. 따라서 '높다'와 'ᄂᆞᆺ갑다'의 반의 관계는 명백히 입증된다.

(15) a. ᄂᆞᆺ가온 ᄃᆡ 이셔 놉픈 ᄃᆡᄅᆞᆯ 엿보모로 ᄒᆞ야(處下而闚高ㅣ라) <번小九 19b>

 b. 믈읫 글 字音의 노ퟜ며 ᄂᆞᆺ가오미(凡字音高低) <字會 凡例 4a>

 c. 모로매 신품의 놉ᄂᆞᆺ가이ᄅᆞᆯ ᄀᆞᆯᄒᆡ욜디니(要分別人品之上下ㅣ니) <번小六 8b>

<16> 높다/사오납다

두 상태동사가 [高/低] 즉 '좋다/나쁘다'의 뜻을 가지고 反義 관계에 있다. 원문 중 '最低的⋯最高的'이 'ᄀᆞ장 사오나와ᅀᅡ⋯ᄀᆞ장 노프니'로 번역된다. 따라서 '높다'와 '사오납다'의 반의 관계는 명백히 입증된다.

(16) a. ᄀᆞ장 사오나와ᅀᅡ 치옥이오 ᄀᆞ장 노프니는 양지옥이오(最低的 是菜玉 最高的是羊脂玉) <번老下 51b>

<17> 느즈와다/시급ᄒᆞ다

고유어 상태동사 '느즈와다'와 한자어 상태동사 '시급ᄒᆞ다'가 [緩/急] 즉 '느리다/시급하다'의 뜻을 가지고 反義 관계에 있다. 원문 중 '有緩急'이 '느즈완 이리어나 시급흔 이리어나 잇다'로 번역된다. 따라서 '느즈와다'와 '시급ᄒᆞ다'의 반의 관계는 명백히 입증된다.

(17) a. 이우제 혹 느즈완 이리어나 시급흔 이리어나 잇거든(隣里或有緩
急於等) <呂約 36b>

<18> 늙다/졈다

두 상태동사가 [老/幼] 즉 '늙다/어리다'의 뜻을 가지고 反義 관계에
있다. 원문 중 '有老幼'가 '늘그며 져믄 저기 잇다'로 번역된다. 따라서
'늙다'와 '졈다'의 반의 관계는 명백히 입증된다.

(18) a. 病이 이시며 늘그며 져믄 저기 잇ᄂ니(有疾病焉ᄒ며 有老幼焉
ᄒ니) <번小三 45b>

<19> 둏다/궂다

두 상태동사가 [好/歹] 즉 '좋다/나쁘다'의 뜻을 가지고 反義 관계에
있다. 원문 중 '好的歹的'이 '됴흔 것 구즌 것'으로 번역되고 '好歹'가
'됴홈 구줌'으로 번역된다. 따라서 '둏다'와 '궂다'의 반의 관계는 명백
히 입증된다.

(19) a. ᄒ다가 ᄆᆞ리 됴홈 구주므란(如馬好歹) <번老下 17a>
    b. 우리 뎌긔ᄂ 됴흔 것 구즌 것 모ᄅ고(我那裏好的歹的不識) <번
       老下 66b>

<20> 둏다/사오납다

두 상태동사가 [好/歹] 즉 '좋다/나쁘다'의 뜻을 가지고 反義 관계에
있다. 원문 중 '好的歹的'이 '됴ᄒ니 사오나오니'로 번역된다. 따라서
'둏다'와 '사오납다'의 반의 관계는 명백히 입증된다.

(20) a. 이 됴ᄒᆞ니 사오나오니 다 ᄒᆞᄃᆡ 혜아리져(這好的歹的 都一發商
量) <번老下 8b>

b. 됴ᄒᆞ니 사오나오니 크니 쟈그니(好的歹的 大的小的) <번老下
10a>

<21> 둏다/아니완ᄒᆞ다

두 상태동사가 [好/歹] 즉 '좋다/나쁘다'의 뜻을 가지고 反義 관계에
있다. 원문 중 '好人歹人'이 '됴ᄒᆞᆫ 사ᄅᆞᆷ 아니완ᄒᆞᆫ 사ᄅᆞᆷ'으로 번역된다.
따라서 '둏다'와 '아니완ᄒᆞ다'의 반의 관계는 명백히 입증된다.

(21) a. 됴ᄒᆞᆫ 사ᄅᆞᆷ 아니완ᄒᆞᆫ 사ᄅᆞᆷ을 엇디 모ᄅᆞ리오(好人歹人 怎麽不認
的) <번老上 51a>

b. 엇디 됴ᄒᆞᆫ 사ᄅᆞᆷ 아니완ᄒᆞᆫ 사ᄅᆞᆷ 알리오(怎知是好人歹人) <번老上
48a>

<22> 둏다/해롭다

두 상태동사가 [利/害] 즉 '이롭다/해롭다'의 뜻을 가지고 反義 관계
에 있다. 원문 중 '與利除害'가 '됴ᄒᆞᆫ 일란 닐왇고 해ᄅᆞ온 일란 업게 ᄒᆞ
다'로 번역된다. 따라서 '둏다'와 '해롭다'의 반의 관계는 명백히 입증된
다.

(22) a. 됴(4a)ᄒᆞᆫ 일란 닐왇고 해ᄅᆞ온 일란 업게 호ᄆᆞᆯ 잘ᄒᆞ며(能興利除
害爲彌) <呂約 4b>

<23> 리ᄒᆞ다/해롭다

두 상태동사가 [利/害] 즉 '이롭다/해롭다'의 뜻을 가지고 反義 관계에 있다. 원문 중 '利害'가 '리ᄒ며 해롭다'로 번역된다. 따라서 '리ᄒ다'와 '해롭다'의 반의 관계는 명백히 입증된다.

> (23) a. 올ᄒ며 외며 리ᄒ며 해로오믈 다 술와(具是非利害而白之ᄒ야)
>   <번小七 2a>
>   b. 朝廷의 리ᄒ 일이며 해로온 일와(朝廷利害와) <번小八 21a>

<24> 貧賤ᄒ다/富貴ᄒ다

두 상태동사가 [貧賤/富貴] 즉 '빈천하다/부귀하다'의 뜻을 가지고 反義 관계에 있다. 원문 중 '前貧賤 後富貴'가 '아래ᄂ 貧賤ᄒ고 後에 富貴ᄒ다'로 번역된다. 따라서 '貧賤하다'와 '富貴하다'의 반의 관계는 명백히 입증된다.

> (24) a. 내 아래ᄂ 貧賤ᄒ고 後에 富貴ᄒ야ᄃ 내티디 마롤디니라(前貧賤이오 後富貴어든 不去ㅣㄴ라) <번小三 23a>

<25> ᄲᆞᄅ다/더듸다

두 상태동사가 [疾/徐] 즉 '빠르다/더디다'의 뜻을 가지고 反義 관계에 있다. 원문 중 '有疾徐'가 'ᄲᆞᄅ며 더듸요미 잇다'로 번역된다. 따라서 'ᄲᆞᄅ다'와 '더듸다'의 반의 관계는 명백히 입증된다.

> (25) a. 명을 타 나미 ᄲᆞᄅ며 더듸요미 잇ᄂ니(賦命有疾徐ᄒ니) <번小六 28a>

<26> ᄲᆞᄅ다/랄ᄒ다

두 상태동사가 [疾/徐] 즉 '빠르다/느리다'의 뜻을 가지고 反義 관계에 있다. 원문 중 '疾徐'가 '샌ᄅ며 랄호다'로 번역된다. 따라서 '샌ᄅ다'와 '랄호다'의 반의 관계는 명백히 입증된다.

(26) a. 말ᄉᆞᆷ과 거동이 가비야오며 므거우며 샌ᄅ며(14a) 랄호여 호매 유예 볼 거시니(辭令容止輕重疾徐예 足以見之矣니) <번小八 14b>

<27> 쓰다/디다

두 상태동사가 [高/低] 즉 '비싸다/싸다'의 뜻을 가지고 反義 관계에 있다. 원문 중 '高低麼'가 '쓰던가 디던가'로 번역된다. 따라서 '쓰다'와 '디다'의 반의 관계는 명백히 입증된다.

(27) a. 뵛 갑슨 쓰던가 디던가(布價高低麼) <번老上 9a>

<28> ᄉᆞ랑ᄒᆞ다/믭다

두 상태동사가 [愛/憎] 즉 '사랑스럽다/믭다'의 뜻을 가지고 反義 관계에 있다. 원문 중 '愛…憎…'이 'ᄉᆞ랑ᄒᆞ오니도…믜우니도…'로 번역된다. 따라서 'ᄉᆞ랑ᄒᆞ다'와 '믭다'의 반의 관계는 명백히 입증된다.

(28) a. ᄉᆞ랑ᄒᆞ오니도 왼 이를 알며 믜우니도 어딘 이를 알며(愛而知其惡ᄒᆞ고 憎而知其善ᄒᆞ며) <번小四 3b>

<29> 어딜다/모딜다

두 상태동사가 [善/惡] 즉 '善하다/惡하다'의 뜻을 가지고 反義 관계에 있다. 원문 중 '以惡陵善'이 '모디로ᄆ로ᄡ며 어디니ᄅᆞᆯ 므더니 너기다'로 번역된다. 따라서 '어딜다'와 '모딜다'와 반의 관계는 명백히 입증된다.

> (29) a. 모디로ᄆ로(36b)ᄡ며 어디니ᄅᆞᆯ 므더니 너기디 말며(無以惡으로 陵善ᄒ며) <번小六 37a>

<30> 어딜다/뭅ᄡ다

두 상태동사가 [善/惡] 즉 '善하다/惡하다'의 뜻을 가지고 反義 관계에 있다. 원문 중 '向善背惡'이 '어딘 이레 향ᄒ고 뭅쓸 일란 ᄇ리다'로 번역된다. 따라서 '어딜다'와 '뭅ᄡ다'의 반의 관계는 명백히 입증된다.

> (30) a. 어딘 이레 향ᄒ고 뭅쓸 일란 ᄇ려(向善背惡ᄒ야) <번小六 8b>

<31> 어딜다/사오납다

두 상태동사가 [善/惡]과 [長/短] 즉 '좋다/나쁘다'의 뜻을 가지고 反義 관계에 있다. 원문 중 '人之善…人之惡'이 '사ᄅᆞ미 어디로ᄆ란…사ᄅᆞ미 사오나온 일란'으로 번역된다. 그리고 '人長短'이 '사ᄅᆞ미 어딜며 사오나오ᄆᆞᆯ'로 번역된다. 따라서 '어딜다'와 '사오납다'의 반의 관계는 명백히 입증된다.

> (31) a. 사ᄅᆞ미 어디로ᄆ란 듣고 믜여ᄒ고 사ᄅᆞ미 사오나온 일란 듣고 베퍼 내야(聞人之善ᄒ고 嫉之ᄒ며 聞人之惡ᄒ고 揚之ᄒ야) <번小六 19a>
>
> b. 사오나온 이리어든 젹다 ᄒ고 ᄒ디 말며 어딘 이리어든 젹다 ᄒ고 아니ᄒ디 말라 ᄒ시니라(勿以惡小而爲之ᄒ며 勿以善小而不

爲ᄒ라 ᄒ시니라) <번小六 15b>

c. 사ᄅ미 어딜며 사오나오믈 즐겨 의론ᄒ며(好議論人長短ᄒ며)
   <번小六 13a>

또 두 상태동사가 [賢/惡] 즉 '어질다/惡ᄒ다'의 뜻을 가지고 反義 관
계에 있다. 원문 중 '賢…惡'이 '어딘 사ᄅ믈…사오나온 사ᄅ믈'로 번
역된다. 따라서 '어딜다'와 '사오납다'의 반의 관계는 명백히 입증된다.

(31) d. 어딘 사ᄅ믈 친히 호ᄃᆡ……사오나온 사ᄅ믈 避호ᄃᆡ……(親賢
   ……避惡……) <번小六 30a>

<32> 어딜다/외다

두 상태동사가 [善/過失]과 [善/過] 즉 '어질다/그르다'의 뜻을 가지
고 反義 관계에 있다. 원문 중 '善…人過失'이 '어딘 이를…사ᄅᆷ의 왼
이를'로 번역되고 '記善…記過'가 '어딘 일 긔록ᄒ다…왼 일 긔록ᄒ다'
로 번역된다. 따라서 '어딜다'와 '외다'의 반의 관계는 명백히 입증된다.

(32) a. 사ᄅᆷ을 인도ᄒ야 어딘 이를 ᄒ게 호믈 잘ᄒ며 사ᄅᆷ의 왼 이를 잘
   경계ᄒ며(能道人爲善爲彌 能規人過失爲彌) <呂約 4a>

   b. 딕월이 또 어딘 일 긔록ᄒᆫ 칙을 ᄒᆫ 번 내 니ᄅ고 집스를 명ᄒ야
   왼 일 긔록ᄒᆫ 칙으로 좌애 인잣는 사ᄅᆷ의손ᄃᆡ 다 나ᄉᆞ든(直月遂
   讀記善籍一過爲古 命執事爲也 以記過籍乙奴 偏呈在坐於等)
   <呂約 41b>

또 두 상태동사가 [善/不善] 즉 '좋다/그르다'의 뜻을 가지고 反義 관
계에 있다. 원문 중 '爲善…爲不善'이 '어딘 이를 호ᄃᆡ…왼 이를 호ᄃᆡ'

로 번역된다. 따라서 '어딜다'와 '외다'의 반의 관계는 명백히 입증된다.

c. 길흔 사ㄹ믄 어딘 이를 ᄒᆞᄃᆡ 나를 不足히 너겨 ᄒᆞ거든 흉혼 사
   ᄅᆞᆷ믄 왼 이를 ᄒᆞᄃᆡ ᄯᅩ 나를 不足히 너겨 ᄒᆞᄂᆞ다 ᄒᆞ니(吉人은 爲
   善호ᄃᆡ 惟日不足이어든 凶人은 爲不善호ᄃᆡ 亦惟日不足ㅣ라 ᄒᆞ
   니) <번小六 31b>
d. ᄯᅩ ᄀᆞ로ᄃᆡ 어딘 이를 니ᄅᆞ며 어딘 이를 ᄒᆡᆼᄒᆞ며 어딘 이를 ᄉᆞ랑
   ᄒᆞ고……왼 이를 니ᄅᆞ며 왼 이를 ᄒᆡᆼᄒᆞ며 왼 이를 ᄉᆞ랑ᄒᆞ고(又曰
   言其所善ᄒᆞ며 行其所善ᄒᆞ며 思其所善ᄒᆞ야……言其不善ᄒᆞ며
   行其不善ᄒᆞ며 思其不善ᄒᆞ야) <번小六 33b>

<33> 어렵다/쉽다

두 상태동사가 [難/易] 즉 '어렵다/쉽다'의 뜻을 가지고 反義 관계에
있다. 원문 중 '難…易'가 '어려오ᄆᆞᆫ…쉬오ᄆᆞᆫ'으로 번역된다. 따라서
'어렵다'와 '쉽다'의 반의 관계는 명백히 입증된다.

(33) a. 일워 셰유미 어려오ᄆᆞᆫ 하ᄂᆞ래 올옴 ᄀᆞᆺ고 업더디유미 쉬오ᄆᆞᆫ 터
   럭 ᄉᆞ롬 ᄀᆞᆺ든다라(成立之難은 如升天ᄒᆞ고 覆墮之易ᄂᆞᆫ 如燎毛
   ㅣ라) <번小六 20b>

<34> 올ᄒᆞ다/외다

두 상태동사가 [是/非]와 [直/曲] 즉 '옳다/그르다'의 뜻을 가지고 反
義 관계에 있다. 원문 중 '是非'가 '올ᄒᆞ며 외다'로 번역되고 '曲直'이
'외며 올홈'으로 번역된다. 따라서 '올ᄒᆞ다'로 '외다'의 반의 관계는 명
백히 입증된다.

(34) a. 올ᄒᆞ며 외며 리ᄒᆞ며 해로오믈 다 슬와(具是非利害而白之ᄒᆞ야)
　　　　<번小七 2a>

　　b. 올ᄒᆞ며 외요믈 굴히욜디니라(辨是非니라) <번小六 34a>

　　c. 망량ᄋᆞ로 正法을 외니 올ᄒᆞ니 호미(妄是非正法이) <번小六
　　　　13a>

　　d. ᄂᆞ미 올ᄒᆞ며 왼 이를 잘 결단ᄒᆞ며(能決是非爲彌) <呂約 4a>

　　e. 외며 올ᄒᆞ믈 숑ᄉᆞᄒᆞ며(爭訟曲直ᄒᆞ며) <번小七 37b>

<35> 유익ᄒᆞ다/해롭다

　두 상태동사가 [益/損] 즉 '유익하다/해롭다'의 뜻을 가지고 反義 관
계에 있다. 원문 중 '益者三友 損子三友'가 '유익ᄒᆞᆫ 버디 세히오 해ᄅᆞ
왼 버디 세히다'로 번역된다. 따라서 '유익ᄒᆞ다'와 '해롭다'의 반의 관
계는 명백히 입증된다.

　　(35) a. 유익ᄒᆞᆫ 버디 세히오 해ᄅᆞ왼 버디 세히니(益者ㅣ 三友ㅣ오 損者
　　　　ㅣ 三友ㅣ니) <번小三 35b>

<36> 이르다/늦다

　두 상태동사가 [早/晩] 즉 '이르다/늦다'의 뜻을 가지고 反義 관계에
있다. 원문 중 '早…晩'이 '이르거나…늦거나'로 번역된다. 따라서 '이
르다/늦다'의 반의 관계는 명백히 입증된다.

　　(36) a. 혹 이르거나 혹 늦거낫 듕에(惑早惑晚) <번老上 10a>

<37> 이ᄅᆞ다/져믈다

두 상태동사가 [早/暮] 즉 '이르다/저물다'의 뜻을 가지고 反義 관계에 있다. 원문 중 '早暮'가 '이르며 져믈다'로 번역된다. 따라서 '이르다'와 '져믈다'의 반의 관계는 명백히 입증된다.

>(37) a. 나리 이르며 져므르믈 보거시든(視日早暮ㅣ어시든) <번小三 29b>

<38> 잇다/없다

두 상태동사가 [有/無] 즉 '있다/없다'의 뜻을 가지고 反義 관계에 있다. 원문 중 '有無'가 '이시며 없다'로 번역된다. 따라서 '잇다'와 '없다'의 반의 관계는 명백히 입증된다.

>(38) a. 다 字ㅅ 겨틔 點이 이시며 업스며 하며 져금으로 보라믈 사믈 거시니(皆以字傍點之有無多少爲準) <字會 凡例 4a>

<39> 칩다/덥다

두 상태동사가 [寒/暑] 즉 '춥다/덥다'의 뜻을 가지고 反義 관계에 있다. 원문 중 '寒暑'가 '치운 저기며 덥고'로 번역된다. 따라서 '칩다'와 '덥다'의 반의 관계는 명백히 입증된다.

>(39) a. 쇠 치운 저기며 덥고 비 오는 저긔도 뫼수와 져므도록 셔셔(祁寒暑雨애 侍立終日ᄒᆞ야) <번小九 2b>

<40> 크다/쟉다

두 상태동사가 [大/小] 즉 '크다/작다'의 뜻을 가지고 反義 관계에 있다. 원문 중 '大的小的'이 '크니 쟈그니'로 번역된다. 따라서 '크다'와 '쟉다'의 반의 관계는 명백히 입증된다.

(40) a. 됴ᄒ니 사오나오니 크니 쟈그니(好的歹的 大的小的) <번老下 10a>

b. 몬져 쟈그며 갓가온 이를 ᄀᆞᄅ치고 후에 크며 먼 이를 ᄀᆞᄅ칠 거(40a)시니(先傳以小者近者而後에 敎以大者遠者ㅣ라) <번小八 40b>

<41> 크다/젹다

두 상태동사가 [大/小]와 [巨/細] 즉 '크다/쟉다'의 뜻을 가지고 反義 관계에 있다. 원문 중 '小則…大則'이 '져그면…크면'으로 번역된다. 그리고 '巨細'가 '크며 젹다'로 번역된다. 따라서 '크다'와 '젹다'의 반의 관계는 명백히 입증된다.

(41) a. 져그면 모믈 배아 목수믈 망멸ᄒ고 크면 宗族을 업더리텨 조샹 니수믈 긋게 ᄒᆞᄂᆞ니(小則隕身滅性ᄒ고 大則覆宗絶嗣ㅣ니) <번小六 31a>

b. 집의 크며 져(94a)근 이를 다 무러 결ᄒ며(家事巨細를 一以咨決ᄒ며) <번小九 94b>

c. 몬져 갓가으며 져그니를 ᄀᆞᄅ치고 후에 멀며 크니를 ᄀᆞᄅ치디 아니홀 거시 아니니라(非是先傳以近小而後不敎而遠大也ㅣ니라) <번小八 40b>

<42> 크다/햑다

두 상태동사가 [大/小] 즉 '크다/작다'의 뜻을 가지고 反義 관계에 있다. 원문 중 '稱…等子'가 '큰 저울…햐근 저울'로 번역된다. 따라서 '크다'와 '햑다'의 반의 관계는 명백히 입증된다.

(42) a. 큰 저울 셜흔 ᄆᆞ릭 햐근 저울 열 ᄆᆞ릭(稱三十連 等子十連) <번老
下 69a>

<43> 하다/젹다

두 상태동사가 [多/少] 즉 '많다/적다'의 뜻을 가지고 反義 관계에 있다. 원문 중 '多少'가 '하며 젹다'로 번역된다. 따라서 '하다'와 '젹다'의 반의 관계는 명백히 입증된다.

(43) a. 다숫재는 쳔량 하며 져곰과 가난호믈 앗첫고 가ᅀᅩ 며루믈 구호믈
니르디 말며(五ᄂᆞᆫ 不言財利多少厭貧求富ㅣ오) <번小八 21b>
b. 다 字ㅅ 겨틔 點이 이시며 업스며 하며 져금으로 보라믈 ᄉᆞᄆᆞᆯ 거
시니(皆以字傍點之有無多少爲準) <字會 凡例 4a>

2.2. 動作動詞에서의 反義語

동작동사에서의 反義語에는 [譽/毀] 즉 '기리다/나무라다'의 뜻을 가진 '기리다/나ᄆᆞ라다'를 비롯하여 6 항목이 있다.

<1> 기리다/나ᄆᆞ라다

두 동작동사가 [譽/毀] 즉 '기리다/나무라다'의 뜻을 가지고 反義 관계에 있다. 원문 중 '毀譽'가 '나ᄆᆞ라며 기리다'로 번역된다. 따라서 '기

리다'와 '나무라다'의 반의 관계는 명백히 입증된다.

> (1) a. 가 멸며 귀 며 가난 며 천 며 나무라며 기리며 깃븐 이리며
> 측흔 이레(其於富貴貧賤毁譽歡戚애) <번小十 20b>

<2> 기리다/할아다

두 동작동사가 [譽/毁] 즉 '기리다/헐뜯다'의 뜻을 가지고 反義 관계에 있다. 원문 중 '毁譽'가 '할아며 기리다'로 번역된다. 따라서 '기리다'와 '할아다'의 반의 관계는 명백히 입증된다.

> (2) a. 외니 올 니 며 할아며 기리논 이예(是非毁譽間애) <번小六 24a>

<3> 깄다/아쳘다

두 동작동사가 [悅/厭] 즉 '좋아하다/싫어하다'의 뜻을 가지고 反義 관계에 있다. 원문 중 '厭之…悅之'가 '아쳐러 고…깄다'로 번역된다. 따라서 '깄다'와 '아쳘다'의 반의 관계는 명백히 입증된다.

> (3) a. 저두군 더으니를 아쳐러 고 저를 아당 니를 깃거(勝己者을 厭之 고 侫己者를 悅之 야) <번小六 18b>

<4> 몰다/믈 이다

동작동사 ' 몰다'와 합성동작동사 '믈 이다'가 [旱/澇] 즉 '가물다/큰물지다'의 뜻을 가지고 反義 관계에 있다. 원문 중 '爲旱澇'가 ' 몰락 믈 이락 다'로 번역된다. 따라서 ' 몰다'와 '믈 이다'의 반의 관

계는 명백히 입증된다. '믈씨이다'는 합성동작동사로 명사 '믈'과 동작동사 '씨이다'의 合成이다.

    (4) a. 올히 ㄱ믈락 믈씨이락 ㅎ야 거두디 몯혼 젼ㅊ로(今年爲旱澇不收)
           <번老上 54a>

<5> 더으다/덜다

두 동작동사가 [加/減] 즉 '더하다/덜다'의 뜻을 가지고 反義 관계에 있다. 원문 중 '加減'이 '더으며 덜다'로 번역된다. 따라서 '더으다'와 '덜다다'의 반의 관계는 명백히 입증된다.

    (5) a. 아히 ㅈ르며 져무믈 쟉량ㅎ야 더으며 덜며 ㅎ야(量兒大小加減)
           <瘡疹 57b>

<6> 젖다/ᄆᄅ다

두 동자동사기 [濕/乾] 즉 '젖다/마르다'의 뜻을 가지고 反義 관계에 있다. 원문 중 '濕肉'이 '저즌 고기'로 번역되고 '乾肉'이 'ᄆᄅ 고기'로 번역된다. 따라서 '젖다'와 'ᄆᄅ다'의 반의 관계는 명백히 입증된다.

    (6) a. 저즌 고기란 니로 버혀 먹고 ᄆᄅ 고기란 니로 버혀 먹디 말며 (濕肉으란 齒決ㅎ고 乾肉으란 不齒決ㅎ며) <번小四 27a>

2.3. 副詞에서의 反義語

부사에서의 反義語에는 [徐/疾] 즉 '천천히/빨리'의 뜻을 가진 '날회여/샐리'와 [尊/卑] 즉 '尊하게/낮게'의 뜻을 가진 '尊히/녓가이'가 있다.

<1> 날회여/샐리

두 부사가 [徐/疾] 즉 '천천히/빨리'의 뜻을 가지고 反義 관계에 있다. 원문 중 '徐行…疾行'이 '날회여 녀…샐리 녀다'로 번역된다. 따라서 '날회여'와 '샐리'의 반의 관계는 명백히 입증된다.

> (1) a. 날회여 녀 얼우늬 뒤헤 가믈 닐오디 공슌타 ᄒ(24a)고 샐리 녀 얼
> 운 몬져 가믈 닐오디 공슌티 아니타 ᄒᄂ니라(徐行後長者를 謂
> 之弟오 疾行先長者를 謂之不弟니라) <번小三 24b>

<2> 尊히/녓가이

두 부사가 [尊/卑] 즉 '尊하게/낮게'의 뜻을 가지고 反義 관계에 있다. 원문 중 '卑…尊'이 '녓가이 ᄒ고…尊히 ᄒ다'로 번역된다. 따라서 '尊히'와 '녓가이'의 반의 관계는 명백히 입증된다.

> (2) a. 제 모ᄂ란 녓가이 ᄒ고 ᄂ믈 尊히 ᄒ며(自卑而尊人ᄒ고) <번小六
> 22b>

2.4. 其他의 反義語

기타의 反義語에는 [吉/凶]의 뜻을 가진 '吉/凶'이 있다.

<1> 吉/凶

두 명사가 [吉/凶]의 뜻을 가지고 反義 관계에 있다. 원문 중 '吉之謂

之…凶之謂之'가 '吉이라 닐오미오…凶이라 닐오미니라'로 번역된다. 따라서 '吉'과 '凶'의 반의 관계는 명백히 입증된다.

(1) a. 어디니는 吉이라 닐오미오 어디디(29a) 몯ᄒᆞ니는 凶이라 닐오미
   니라(知善也者는 吉之謂之ㅣ오 不善也者는 凶之謂之ㅣ니라)
   <번小六 29b>

제3절
相補語

　모든 對立語들 중에서 相補語는 개념적으로 가장 단순한 것이다. 한쌍의 相補語들의 본질은 그것들이 어떤 개념적 영역을 두 개의 상호 배타적인 구획들로 철저히 구분하는 데 있다. 그래서 구획들 중의 하나에 속하지 않는 것은 반드시 다른 구획에 속하지 않으면 안 된다. 中立地域이 존재하지 않는다. 다시 말하면 한 쌍의 상보어들 사이에 제3항의 가능성이 없다. 상보어들의 예는 다음과 같다: true/false, dead/alive, open/shut, hit/miss(과녁), pass/fall(시험) (Cruse 1986: 198-199).

　임지룡(1989: 26-28)에 의하면 상보어는 네 가지 특징을 가진다.

　첫째, 상보어는 단언과 부정에 대한 상호 함의 관계가 성립된다.

　둘째, 상보어는 대립 관계에 있는 두 어휘 항목을 동시에 긍정하거나 부정하게 되면 모순이 일어난다.

　셋째, 상보어는 정도어로써 수식이 불가능하며 비교 표현으로 사용될 수 없다.

넷째, 상보어는 평가의 기준이 절대적이다. 예컨대, '남자'와 '여자', '살다'와 '죽다'의 對立은 어떤 시대 어떤 지역에서도 뚜렷이 구별되는 절대적 사항이다.

3.1. 名詞에서의 相補語

명사에서의 相補語에는 [男/女]와 [男子/女子] 즉 '남자/여자'의 뜻을 '남진/겨집'을 비롯하여 7 항목이 있다.

<1> 남진/겨집

두 명사가 [男/女]와 [男子/女子] 즉 '남자/여자'의 뜻을 가지고 相補 관계에 있다. 원문 중 '男女'가 '남진 겨집'으로 번역된다. 그리고 '男子 는…女子는…'이 '남지는…겨지븐…'으로 번역된다. 따라서 '남진'과 '겨집'의 상보 관계는 명백히 입증된다.

   (1) a. 남진 겨집이 골히요미 이시며(男女ㅣ 有別ᄒ며) <번小六 36b>

       b. 남진 겨지비 듕미ᄒ디 아니ᄒ야셔는(男女ㅣ 非有行媒어든) <번
          小三 11a>

       c. 남진 겨지비 옷홰며 옷거리를 ᄒᆞᆫ디 아니ᄒ야(男女ㅣ 不同椸枷
          ᄒ야) <번小三 17b>

       d. 음식과 남진 겨집 ᄉ이로ᄡᅥ 종요를 사몰디니(以飮食男女로 爲
          切要ㅣ 니) <번小六 35a>

   (1) e. 길헤 남지는 올ᄒᆞᆫ녀그로 가고 겨지븐 왼 겨ᄐ로 갈디니라(道路애

男子는 由右ᄒ고 女子는 由左ㅣ니라) <번小三 19b>

<2> 남진/계집

두 명사가 [男/女] 즉 '남자/여자'의 뜻을 가지고 相補 관계에 있다. 원문 중 '男先於女'가 '남지니 계집의게 몬져 가다'으로 번역된다. 그리고 '男…女…'가 '남진이…계지비…'로 번역된다. 따라서 '남진'과 '계집'의 상보 관계는 명백히 입증된다.

> (2) a. 남지니 계집의게 몬져 가문 강건ᄒ며 슌흔 ᄠᅳ디니(男先於女ᄂᆞᆫ
>   剛柔之義也ㅣ니) <번小三 15a>
>
>   b. 남진이 안 이를 니ᄅ디 아니ᄒ고 계지비 밧 이를 니ᄅ디 아니ᄒ
>   며(男不言內ᄒ며 女不言外ᄒ며) <번小三 18a>

<3> 男子/女子

두 명사가 [男子/女子] 즉 '남자/여자'의 뜻을 가지고 相補 관계에 있다. 원문 중 '男子…女子…'가 '男子는…女子는…'으로 번역된다. 따라서 '男子'와 '女子'의 상보 관계는 명백히 입증된다.

> (3) a. 男子는 밧긔 살오 女(16b)子는 안해 사라(男子는 居外ᄒ고 女子
>   는 居內ᄒ야) <번小三 17a>

<4> 무쇠/시우쇠

두 명사가 [生鐵/熟鐵] 즉 '精鍊하지 아니한 쇠/鑄鐵 중의 不純分을 제거하여 만든 쇠'의 뜻을 가지고 相補 관계에 있다. '鐵'의 자석이 '쇠'이고 '무쇠'와 '시우쇠'가 상보 관계에 있다.

(4) a. 鐵: 黑金 <四解下 2b>

　　b. 鐵: 쇠 텰 … 生鐵 무쇠 熟鐵 시우쇠 <字會中 15b>

<5> 生鐵/熟鐵

두 명사가 [生鐵/熟鐵] 즉 '精鍊하지 아니한 쇠/鑄鐵 중의 不純分을 제거하여 만든 쇠'의 뜻을 가지고 相補 관계에 있다. '鐵'의 자석이 '쇠'이고 '生鐵'과 '熟鐵'이 상보 관계에 있다.

(5) a. 鐵: 黑金 <四解下 2b>

　　b. 鐵: 쇠 텰 … 生鐵 무쇠 熟鐵 시우쇠 <字會中 15b>

<6> 아비/어미

두 명사가 [父/母] 즉 '아버지/어머니'의 뜻을 가지고 相補 관계에 있다. 원문 중 '父…母'가 '아비는…어미는'으로 번역된다. 따라서 '아비'와 '어미'의 상보 관계는 명백히 입증된다.

(6) a. 아비는 싁싁고 법다이 ᄒ며 어미는 어엿비 너기며(父義ᄒ며 母慈ᄒ며) <번小六 36b>

<7> 은덕/원슈

두 명사가 [恩/讐] 즉 '은혜/원수'의 뜻을 가지고 相補 관계에 있다. 원문 중 '恩讐'가 '은덕이며 원슈'로 번역된다. 따라서 '은덕'과 '원슈'의 상보 관계는 명백히 입증된다.

(7) a. 은덕이며 원슈를 분명히 홀 거시라 ᄒ는 이 네 직(恩讐分明此四字ㅣ) <번小八 15b>

3.2. 動作動詞에서의 相補語

동작동사에서의 相補語에는 [壽/夭] 즉 '長壽하다/短命하다' 및 '오래 살다/젊어서 죽다'의 뜻을 가진 '댱슈ᄒ다/단명ᄒ다'를 비롯하여 3항목이 있다.

<1> 댱슈ᄒ다/단명ᄒ다

두 동작동사가 [壽/夭] 즉 '長壽하다/短命하다' 및 '오래 살다/젊어서 죽다'의 뜻을 가지고 相補 관계에 있다. 원문 중 '壽夭'가 '댱슈ᄒ며 단명ᄒ다'로 번역된다. 따라서 '댱슈ᄒ다'와 '단명ᄒ다'의 상보 관계는 명백히 입증된다.

> (1) a. ᄯᅩ 귀ᄒ며 쳔ᄒ며 댱슈ᄒ며 단명호미 일로브터 일뎡ᄒᄂ니라(亦
> 貴賤壽夭之所由定也ㅣ니라) <번小八 14b>

<2> 살다/죽다

두 동작동사가 [存/亡] 즉 '살다/죽다'의 뜻을 가지고 相補 관계에 있다. 원문 중 '存亡'이 '사라시며 죽다'로 번역된다. 따라서 '살다'와 '죽다'의 상보 관계는 명백히 입증된다.

> (2) a. 義ᄒᄂ 사ᄅᆞᆷ은 사라시며 주구모로 ᄆᆞᅀᆞᆷ을 곧티디 아니ᄒᄂ니(義
> 者ᄂ 不以存亡으로 易心이니) <번小九 63a>

<3> 일 죽다/오래 살다

두 동작동사구가 [夭/壽] 즉 '젊어서 죽다/오래 살다'의 뜻을 가지고

相補 관계에 있다. 원문 중 '夭壽'가 '일 주그며 오래 살다'로 번역된다. 따라서 '일 죽다'와 '오래 살다'의 상보 관계는 명백히 입증된다.

(3) a. 일 주그며 오래 사롤(30a) 밍되니(夭壽之萌也ㅣ라) <번小七 30b>

제4절
逆義語

反義語와 相補語와 구별되는 것이 逆義語(converse)이다. 역의어의 예로 husband/wife, buy/sell을 들 수 있다.

역의어 즉 關係 對立語(relational opposite)는 두 실재물들의 관계를 다른 실재물에 상대적인 한 실재물의 방향을 어떤 軸을 따라 明示함으로써 나타내는 쌍들로 구성된다. 상이한 위치에 있는 두 對象物 A와 B에 있어서 B에 상대적인 A의 方向은 A에 상대적인 B의 방향의 정반대이다. 그러므로 A와 B의 관계를 A나 B를 기준점으로 취하여 두 개의 논리적으로 等價인 방식으로 나타낼 수 있다. 그래서 A가 B보다 더 높으면 'A가 B의 위에 있다'거나 'B가 A의 아래에 있다'라고 말할 수 있다.

4.1. 名詞類에서의 逆義語

명사류에서의 逆義語에는 [官/私] 즉 '관청/개인'의 뜻을 가진 '구의/아름'을 비롯하여 18 항목이 있다.

<1> 구위/아름

두 명사가 [官/私] 즉 '관청/개인'의 뜻을 가지고 逆義 관계에 있다. 원문 중 '官稱'이 '구윗 저울'로 번역되고 '私稱'이 '아름 저울'로 번역된다. 따라서 '구위'와 '아름'의 역의 관계는 명백히 입증된다.

   (1) a. 내해 구윗 지우리라(我的是官稱) <번老下 57b>
       b. 뉘 아름 저울 브리료(誰敢使私稱) <번老下 57b>

<2> 君子/小人

두 명사가 [君子/小人] 즉 '군자/소인'의 뜻을 가지고 逆義 관계에 있다. 원문 중 '君子小人'이 '君子 小人'으로 번역된다. 따라서 '君子'와 '小人'의 역의 관계는 명백히 입증된다.

   (2) a. 흔갓 君子 小人이 이에 와 갈아 날 쑨이 아니라(不惟君子小人이 於此焉分이라) <번小八 14b>

<3> 나/놈

대명사 '나'와 명사 '놈'이 [我/物] 즉 '나/남'의 뜻을 가지고 逆義 관계에 있다. 원문 중 '物我'가 'ㄴ미며 나'로 번역된다. 따라서 '나'와 '놈'의 역의 관계는 명백히 입증된다.

(3) a. 곧 그 어버싀거긔 ᄒ마 ᄂᆞ미며 내라 ᄒᆞᄂᆞᆫ ᄆᆞᄉᆞ미 이셔(則於其親
已有物我ᄒᆞ야) <번小六 3a>

<4> 남진/겨집

두 명사가 [夫/婦]와 [夫/妻] 즉 '남편/아내'의 뜻을 가지고 逆義 관계
에 있다. 원문 중 '夫婦'가 '남진 겨집'으로 번역되고 '一夫一婦'가 '흔
남진 흔 겨집'으로 번역된다. 그리고 '夫…妻'가 '남진이…겨지비'로 번
역된다. 따라서 '남진'과 '겨집'의 역의 관계는 명백히 입증된다.

⑷ a. 남진 겨집은 人倫의 큰 믈리오(夫婦ᄂᆞᆫ 人倫大綱이며) <번小七
30a>

b. 흔 남진 흔 겨집은 샹사ᄅᆞ믜 이리니라(一夫一婦ᄂᆞᆫ 庶人之職也
ㅣ니라) <번小七 31b>

c. 남진이 和悅호ᄃᆡ 어딘 일로 ᄒᆞ며 겨지비 유화호ᄃᆡ 正大히 ᄒᆞ며
(夫和而義ᄒᆞ며 妻柔而正ᄒᆞ며) <번小三 44b>

<5> 남진/계집

두 명사가 [夫/婦]와 [夫/妻] 즉 '남편/아내'의 뜻을 가지고 逆義 관계
에 있다. 원문 중 '夫婦'가 '남진과 계집'으로도 번역되고 '남진 계집'으
로도 번역된다. 그리고 '夫…妻…'가 '남진ᄋᆞᆫ…계집ᄋᆞᆫ…'으로 번역된
다. 따라서 '남진'과 '계집'의 逆義 관계는 명백히 입증된다.

(5) a. 남진과 계집이 별히 호믈 볼기니라(明夫婦之別이라) <번小三
23b>

b. 아비 아ᄃᆞ릭 親홈과 남진 계지븨 別홈과ᄂᆞᆫ 날마다 의론ᄒᆞ며 빋화

ᄇ리디 마롤디니라(父子之親과 夫婦之別則日切磋而不舍也ㅣ니
라) <번小三 47b>

c. 남진ᄋᆞᆫ 和悅커든 계집ᄋᆞᆫ 유화(43b)ᄒᆞ며(夫和妻柔ᄒᆞ며) <번小三
44a>

<6> 녜/이제

두 명사가 [古/今] 즉 '옛날/이제'의 뜻을 가지고 逆義 관계에 있다.
원문 중 '古今'이 '녜며 이제'로 번역되고 '今古'가 '이제며 녜'로 번역된
다. 따라서 '녜'와 '이제'의 역의 관계는 명백히 입증된다.

(6) a. 녜며 이제 술로 敗亡ᄒᆞᆫ 사ᄅᆞᄆᆞᆯ(古今傾見破者ᄅᆞᆯ) <번小六 23b>

b. 이제며 녜예 븓들이디 마라(不拘今古ᄒᆞ야) <번小六 5a>

c. 만이레 총명ᄒᆞ며 지죄 이시며 디혜로와 녜며 이제 이를 ᄉᆞ뭇 알
리 이셔도(如有聰明才知識達古今이라두) <번小七 36b>

<7> 님금/臣下

두 명사가 [君/臣] 즉 '임금/신하'의 뜻을 가지고 逆義 관계에 있다.
원문 중 '君臣正'이 '님금과 臣下왜 졍ᄒᆞ다'로 번역되고 '君…臣…'이
'님그믄…臣下ᄂᆞᆫ…'으로 번역되고 '君臣'이 '님금 신하'로 번역된다. 따
라서 '님금'과 '臣下'의 역의 관계는 명백히 입증된다.

(7) a. 님금과 臣下왜 졍ᄒᆞ며(君臣正ᄒᆞ며) <번小四 10a>

b. 일로ᄡᅥ 님금과 臣下ᄅᆞᆯ 졍케 ᄒᆞ며(以正君臣ᄒᆞ며) <번小四 10a>

c. 님그믄 시기시거든 臣下ᄂᆞᆫ 조심ᄒᆞ야 ᄒᆞ며(君令臣共ᄒᆞ며) <번小
三 43b>

d. 님그믄 시교믈 그르 아니ᄒ시며 臣下ᄂᆞᆫ(44a) 조심ᄒ야 두 ᄆᆞᅀᆞᆷ 아니ᄒ며(君令而不違ᄒ며 臣共而不二ᄒ며) <번小三 44b>

e. 님금 신하 義와 아비 아ᄃᆞᆯ 親홈과(君臣之義와 夫子之親과) <번小三 47b>

f. 님금과 신하 ᄉᆞ이옛 義를 니ᄅᆞ니라(明君臣之義ᄒ다) <번小三 11a>

g. 님금이 신하록 몬져 호미(君先乎臣이) <번小三 15a>

<8> 大夫/士

두 명사가 [大夫/士] 즉 '벼슬 높은 사람/벼슬 낮은 사람'의 뜻을 가지고 逆義 관계에 있다. 원문 중 '大夫…不失其家士…不離於令名'이 '大夫ㅣ …그 지블 일티 아니ᄒ며 士ㅣ …됴ᄒᆞᆫ 일후메 떠나디 아니ᄒ다'로 번역되고 '大夫之 賢者…士之仁者'가 '大夫의 어디니를…士이 어딘 사ᄅᆞᆷ'로 번역된다. 따라서 '大夫'와 '士'의 역의 관계는 명백히 입증된다.

(8) a. 大夫ㅣ 간홀 신해 세 사ᄅᆞᆷ 두면 비록 無道ᄒ야도 그 지블 일티 아니ᄒ며 士ㅣ 간홀 버들 두면 모미 됴ᄒᆞᆫ 일후메 떠나디 아니ᄒ며(大夫ㅣ 有爭臣三人이면 數無道ㅣ나 不失其家ᄒ고 士有爭友則身不離於令名ᄒ고) <번小三 40b>

b. 孔子ㅣ ᄀᆞᄅᆞ샤ᄃᆡ 이 나라해 이셔 大夫의 어디니를 셤기며 士이 어딘 사ᄅᆞᆷ을 벋 사몰디니라(孔子ㅣ 曰居是邦也ᄒ야 事其大夫之賢者ᄒ며 友其士之仁者ㅣ 니라) <번小三 35a>

<9> 벼슬 노프니/(벼슬) ᄂᆞᆺ가오니

두 명사구가 [大夫/士] 즉 '벼슬 높은 사람/벼슬 낮은 사람'의 뜻을 가지고 逆義 관계에 있다. 원문 중 '大夫士相見'이 '벼슬 노ᄑ니와 ᄂᆞᆺ가오니 서르 보다'로 번역된다. 따라서 '벼슬 노ᄑ니'와 '(벼슬) ᄂᆞᆺ가오니'의 역의 관계는 명백히 입증된다.

(9) a. 벼슬 노ᄑ니와 ᄂᆞᆺ가오니 서르 보매 비록 貴ᄒᆞ며 賤호미 맛디 아니ᄒᆞ나(大夫士ㅣ 相見에 雖貴賤不敵이라) <번小三 38b>

<10> 벼슬ᄒᆞ던 사름/庶人

고유어 '벼슬ᄒᆞ던 사름'과 한자어 '庶人'이 [君子/庶人] 즉 '벼슬하던 사람/아무 벼슬이 없는 일반 평민'의 뜻을 가지고 逆義 관계에 있다. 원문 중 '君子…庶人…'이 '벼슬ᄒᆞ던 사름…庶人…'으로 번역된다. 따라서 '벼슬ᄒᆞ던 사름'과 '庶人'의 역의 관계는 명백히 입증된다.

(10) a. 벼슬ᄒᆞ던 사름 늘그니ᄂᆞᆫ 거러 ᄃᆞᆫ니디 아니ᄒᆞ(33a)며 庶人 늘그니ᄂᆞᆫ 고기 업슨 밥 먹디 아니ᄒᆞᄂᆞ니라(君子ㅣ 耆老애 不徒行ᄒᆞ며 庶人이 耆老애 不徒食이니라) <번小三 33b>

<11> 싀어미/며느리

두 명사가 [姑/婦] 즉 '시어머니/며느리'의 뜻을 가지고 逆義 관계에 있다. 원문 중 '姑…婦'가 '싀어미…며느리'로 번역된다. 따라서 '싀어미'와 '며느리'의 역의 관계는 명백히 입증된다.

(11) a. 싀어미ᄂᆞᆫ 어엿비 너기거든 며느리ᄂᆞᆫ 좃ᄌᆞ와 호미 禮니라(姑慈婦聽이 禮也ㅣ니라) <번小三 44a>
   b. 싀어미 어엿비 너겨 조ᄎᆞ며 며느리 듯ᄌᆞ와 부드러이 호미 禮엿

됴ᄒᆞᆫ 일이라(姑慈而從ᄒᆞ며 婦聽而婉이 禮之善物也ㅣ니라) <번
小三 44b>

<12> 아비/아ᄃᆞᆯ

두 명사가 [父/子] 즉 '아버지/아들'의 뜻을 가지고 逆義 관계에 있다.
원문 중 '父子親'이 '아비와 아ᄃᆞᆯ왜 親ᄒᆞ다'로 번역된다. 따라서 '아비'
와 '아들'의 역의 관계는 명백히 입증된다.

(12) a. 아비와 아ᄃᆞᆯ왜 親ᄒᆞ며(父子親ᄒᆞ고) <번小三 15b>
    b. 아비와 아ᄃᆞᆯ왜 親ᄒᆞᆫ 後에ᅀᅡ 義 나며(父子親然後에 義生ᄒᆞ고)
       <번小三 15b>
    c. 아비와 아ᄃᆞᆯ왜 친ᄒᆞ며 (父子親ᄒᆞ며) <번小四 10a>
    d. 아비와 아ᄃᆞ를 친케 ᄒᆞ며 (親父子ᄒᆞ며) <번小四 10a>
    e. 아비 어엿비 너교ᄃᆡ ᄀᆞᄅᆞ치며 아ᄃᆞ리 효도ᄒᆞ고 간ᄒᆞ며(父慈而
       敎ᄒᆞ며 子孝而箴ᄒᆞ며) <번小三 44b>

<13> 아비/ᄌᆞ식

고유어 '아비'와 한자어 'ᄌᆞ식'(子息)이 [父/子] 즉 '아버지/자식'의 뜻
을 가지고 逆義 관계에 있다. 원문 중 '父…子'가 '아비는…ᄌᆞ식은'으
로 번역된다. 따라서 '아비'와 'ᄌᆞ식'의 역의 관계는 명백히 입증된다.

(13) a. 아비는 어엿비 너기거든 ᄌᆞ식은 효도ᄒᆞ며(父慈子孝ᄒᆞ며) <번小
       三 43a>
    b. 아비와 형과ᄅᆞᆯ 잘 셤기며 ᄌᆞ식과 아ᅀᆞ와ᄅᆞᆯ 잘 ᄀᆞᄅᆞ치며(能事不
       兄爲彌 能敎子弟爲彌) <呂約 3b>

<14> 얼우신/져믄 사룸

명사 '얼우신'과 명사구 '져믄 사룸'이 [長者/小者] 즉 '어르신/젊은 사람'의 뜻을 가지고 逆義 관계에 있다. 원문 중 '長者…小者'가 '얼우신이…져믄 사룻미'로 번역된다. 따라서 '얼우신'과 '져믄 사룸'의 역의 관계는 명백히 입증된다. 명사구 '져믄 사룸'은 상태동사 '졈다'의 관형사형 '져믄'과 명사 '사룸'의 결합이다.

(14) a. 얼우신이 말라 커시든 져믄 사룻미 돗긔 도라가 먹고(長者ㅣ 辭ㅣ어든 小者ㅣ 反席而飮ᄒᆞ고) <번小三 30b>
b. 얼우신이 드러 몯다가 머거 겨시거든 져믄 사룻미 잠깐도 먹디 마롤디니라(長者ㅣ 擧末醻ㅣ어는 小者ㅣ 不敢飮이니라) <번小三 30b>

<15> 얼운/아히

두 명사가 [長/幼] 즉 '어른/아이'의 뜻을 가지고 逆義 관계에 있다. 원문 중 '長幼'가 '얼운과 아히'로 번역되고 '長幼之序'가 '얼운 아히 츠례'로 번역된다. 따라서 '얼운'과 '아히'의 역의 관계는 명백히 입증된다.

(15) a. 얼운과 아히 츠례로 안자 홈쯰 먹더라(長幼ㅣ 以次坐而共食之ᄒᆞ더라) <번小九 107a>
b. 얼운과 아히 다 모닷거늘 (長幼ㅣ 咸萃어늘) <번小九 30a>
c. 얼운과 아히왜 화ᄒᆞᆫ 후에ᅀᅡ (長幼和而後에ᅀᅡ) <번小四 10a>
d. 얼운과 아ᄒᆞ룰 화케 호미니 (和長幼ㅣ니) <번小四 10a>
e. 이 우흔 얼운 아희 츠례룰 볼기니라(右ᄂᆞᆫ 明長幼之序ᄒᆞ니라)

<번小三 33b>

<16> 조샹/ᄌᆞ손

두 명사가 [祖先/子孫]의 뜻을 가지고 逆義 관계에 있다. 원문 중 '祖先…儉'이 '조샹이…검박홈'으로 번역되고 '子孫…奢傲'가 'ᄌᆞ손이…샤치ᄒᆞ며 오만홈'으로 번역된다. 따라서 '조샹'과 'ᄌᆞ손'의 역의 관계는 명백히 입증된다.

(16) a. 조샹이…검박호ᄆᆞ로 일워 셰디 아니리 업고 ᄌᆞ손이…샤치ᄒᆞ며 오만호ᄆᆞ로 업더디디 아니ᄒᆞ리 업ᄂᆞ니(莫不由祖先의…儉ᄒᆞ야 以成立之ᄒᆞ고 莫不由子孫의…奢傲ᄒᆞ야 以覆墮之ᄒᆞᄂᆞ니) <번小六 20b>

<17> 主人/손

두 명사가 [主人/客] 즉 '주인/손'의 뜻을 가지고 逆義 관계에 있다. 원문 중 '主人…右客…左'가 '主人은…올ᄒᆞ녀그로 ᄒᆞ고 손은…왼녀그로 ᄒᆞ다'로 번역된다. 그리고 '主人就…客就…'가 '主人은 나ᅀᅡ가고 손은 나ᅀᅡ가다'로 번역된다. 따라서 '主人'과 '손'의 역의 관계는 명백히 입증된다.

(17) a. 主人은 문의 드로ᄃᆡ 올ᄒᆞ녀그로 ᄒᆞ고 손은 문의 드로ᄃᆡ 왼녀그로 ᄒᆞ며(主人은 入門而右ᄒᆞ고 客은 入門而左ᄒᆞ며) <번小三 37b>

b. 主人은 東階예 나ᅀᅡ가고 손은 西階예 나ᅀᅡ갈디니(主人은 就東階ᄒᆞ고 客은 就西階니) <번小三 37b>

c. 主人이 묻디 아니커든 소니 몬져 내야 니르디 마롤디니라(主人
이 不問이어든 客不先擧 ㅣ 니라) <번小三 39a>

<18> 兄/아슥

두 명사가 [兄/弟] 즉 ‘兄/아우’의 뜻을 가지고 逆義 관계에 있다. 원
문 중 ‘兄…弟’는 ‘兄…아슥’로도 번역되고 ‘형…아슥’로도 번역된다.
따라서 ‘兄’과 ‘아슥’의 역의 관계는 명백히 입증된다.

(18) a. 兄은 스랑커든 아슥는 공경ᄒ며(兄愛弟敬ᄒ며) <번小三 43b>
    b. 兄이 스랑호디 벋 ᄀ티 ᄒ며 아시 공경호디 和順ᄒ며(兄愛而友
       ᄒ며 弟敬而順ᄒ며) <번小三 44b>
    c. 형은 스랑ᄒ고 아ᄉ 온공ᄒ며(兄友ᄒ며 弟恭ᄒ며) <번小六
       36b>
    d. 아비와 형과를 잘 셤기며 ᄌ식과 아슥와를 잘 ᄀ르치며(能事父
       兄爲彌 能敎子弟爲彌) <呂約 3b>

4.2. 動作動詞에서의 逆義語

동작동사에서의 逆義語에는 [訓/學]과 [敎/學] 즉 ‘가르치다/배우다’
의 뜻을 가진 ‘ᄀ르치다/비호다’를 비롯하여 3 항목이 있다.

<1> ᄀ르치다/비호다

두 동작동사가 [訓/學]과 [敎/學] 즉 ‘가르치다/배우다’의 뜻을 가지고
逆義 관계에 있다. 원문 중 ‘訓學者’가 ‘비호는 사름 을 ᄀ르치다’로 번
역된다. 그리고 ‘敎’가 ‘ᄀ르치다’로 번역되고 ‘學’이 ‘비호다’로 번역된

다. 따라서 'ㄱ르치다'와 '비호다'의 역의 관계는 명백히 입증된다.

(1) a. 節孝 徐先生이 비호ᄂ 사름을 ㄱ르쳐 ㄱ로딕(節孝徐先生이 訓
學者曰) <번小六 32b>
b. ㄱ르치디 아니ᄒ야도 어딜오(不敎而善ᄒ고) <번小六 28b>
c. 비호미 유여커든 구실홀디니(學而優則仕ㅣ니) <번小六 22a>

<2> 묻다/딕답ᄒ다

두 동작동사가 [問/對] 즉 '묻다/대답하다'의 뜻을 가지고 逆義 관계
에 있다. 원문 중 '問…對'가 '묻다…딕답ᄒ다'로 번역된다. 따라서 '묻
다'와 '딕답ᄒ다'의 역의 관계는 명백히 입증된다. '딕답ᄒ다'는 한자어
이다.

(2) a. 先生쯰 뫼셔 안자셔 先生이 묻거시든 마를 ᄆ쳐셔ᅀᅡ 딕답ᄒ며
(侍坐於先生홀시 先生이 問焉이어든 終則對ᄒ고) <번小三 28b>

<3> ᄒ다/ᄇ리다

두 동작동사가 [取/去] 즉 '취하다/버리다'의 뜻을 가지고 逆義 관계
에 있다. 원문 중 '去…取'가 'ᄇ리고…ᄒ다'로 번역된다. 따라서 'ᄒ다'
와 'ᄇ리다'의 역의 관계는 명백히 입증된다.

(3) a. 뎔란 ᄇ리고 일란 ᄒᆯ 시(去彼取此ㅣ) <번小六 8b>

제5절
方向 對立語

方向 對立語(directional opposite)의 가장 순수한 것은 對立 方向의 이동에서 발견된다. 직선을 이루며 각각 S(1)과 S(2)의 속도로 움직이는 두 물체 A와 B는, 만일 B에 상대적인 A의 속도가 S(1)과 S(2)의 합과 같으면 대립 방향으로 움직이고 있다.

방향 대립은 up/down 및 come/go에서 명백히 발견된다. 이 쌍들이 共有하는 것은 주어진 장소 P에 관해 두 대립 방향의 어느 하나로 이동하는 것이다. 그러나 그것들 사이에 중요한 차이가 있다. 만일 up/down을 come/go와 비교한다면 우리는 come/go가 P를 향한 이동과 P로부터 멀어지는 이동 사이의 對立에 기초하고 한편 up/down이 P로부터 멀어진 移動 內에서 생기는 對立에 기초한다는 것을 알 수 있다.

이 논문에서는 方向 對立語를 對蹠語(antipodal)와 逆動語(reversive)로 나누어 고찰하려고 한다.

첫째, 대척어는 方向 對立의 극단을 나타내는 대립어로서 對立雙에서 한 요소는 어떤 방향의 축을 따라 한 쪽의 극단을 나타내고 다른 한 요소는 대립 방향의 극단을 나타낸다. 대척어의 예로 '꼭대기/밑바닥'(공간상) 및 '처음/끝'(시간상)을 들 수 있다.

둘째, 역동어는 대립 방향으로의 이동이나 변화를 나타내는 동작동사의 쌍들로 구성된다. 역동어의 예로 다음을 들 수 있다: 오르다/내리다, 전진하다/후퇴하다, 들어가다/나오다.

5.1. 對蹠語

對蹠語에는 [晝/夜], [日/夜] 및 [白日/黑夜] 즉 '낮/밤'의 뜻을 가진 '낮/밤'을 비롯하여 13 항목이 있다.

<1> 낮/밤

두 명사가 [晝/夜], [日/夜] 및 [白日/黑夜] 즉 '낮/밤'의 뜻을 가지고 方向 對立 관계에 있다. 원문 중 '晝夜'가 '나쟈 바먀'로도 번역되고 '밤야 나쟈'로도 번역된다. '日夜'가 '나져 바며'로 번역된다. 그리고 '白日黑夜'가 '나져 바며'로도 번역되고 '나쟈 바먀'로도 번역된다. 따라서 '낮'과 '밤'의 방향 대립 관계는 명백히 입증된다.

(1) a. 나쟈 바먀 우루딕(晝夜號哭ㅎ딕) <번小九 32b>

   b. 밤야 나쟈 조디 아니ㅎ며(晝夜不眠ㅎ며) <번小九 73a>

   c. 나직 뜰헤 나 노니디 말며 바믹 듣뇨딕 브를 뻐 홀디니(晝不遊庭ㅎ며 夜行以火ㅎᄂ니) <번小三 21a>

(1) d. 包ㅣ 나져 바며 울오 츠마(21b) 나가디 몯ㅎ여(包ㅣ 日夜애 號泣
不能去ㅎ야) <번小九 22a>

e. 나져 바며 혜아려 슬펴(日夜의 且自點檢ㅎ야) <번小八 15a>

(1) f. 나져 바며 머므디 말오 ㅂㄹ라(白日黑夜不住的搽) <번朴上 13b>

g. 나쟈 바먀 셔긔 나ᄂ니(白日黑夜瑞雲生) <번朴上 68a>

<2> 東階/西階

두 명사가 [東階/西階] 즉 '동쪽 계단/서쪽 계단'의 뜻을 가지고 方向
對立 관계에 있다. 원문 중 '就東階…就西階'가 '東階에 나ᄉ가고…西
階예 나ᄉ가다'로 번역된다. 따라서 '東階'와 '西階'의 방향 대립 관계
는 명백히 입증된다.

(2) a. 主人은 東階예 나ᄉ가고 손은 西階예 나ᄉ갈디니(主人은 就東階
ㅎ고 客은 就西階니) <번小三 37b>

b. 東階예 올올딘댄 올ᄒ 바ᄅᆯ 몬져 ㅎ고 西階예(38a) 올올딘댄 왼
바ᄅᆯ 몬져 홀디니라(上於東階則先右足ㅎ고 上於西階則先左足
이니라) <번小三 38b>

<3> 동녁/션녁

두 명사가 [東/西] 즉 '동녁/서녁'의 뜻을 가지고 方向 對立 관계에 있
다. 원문 중 '東西'가 '동녁 션녁'으로 번역된다. 따라서 '동녁'과 '션녁'
의 방향 대립 관계는 명백히 입증된다.

(3) a. 읍ㅎ고 동녁 션녁을 분ㅎ야 마조 셔셔(揖爲古 分東西向立爲也)
<呂約 39a>

<4> 솝/밧

두 명사가 [裏/表] 즉 '안/밖'의 뜻을 가지고 方向 對立 관계에 있다. 원문 중 '有表而無裏'가 '밧긔 잇고 소배 없다'로 번역된다. 따라서 '솝' 과 '밧'의 방향 대립 관계는 명백히 입증된다.

> (4) a. 이는 믹괘 즁괘 밧긔 잇고 소배 업수모로(此脉證有表而無裏故)
>   <瘡疹 17a>

<5> 아춤/나조ㅎ

두 명사가 [朝/夕] 즉 '아침/저녁'의 뜻을 가지고 方向 對立 관계에 있다. 원문 중 '朝夕'이 '아춤 나조ㅎ'로 번역된다. 따라서 '아춤'과 '나 조ㅎ'의 방향 대립 관계는 명백히 입증된다.

> (5) a. 아춤 나조ㅎ(7b)로 놀애 사마 브르면(欲……今朝夕歌之면) <번
>   小六 8a>

<6> 아춤/나죄

두 명사가 [旦/夕] 즉 '아침/저녁'의 뜻을 가지고 方向 對立 관계에 있다. 원문 중 '旦夕'이 '아춤 나죄'로 번역된다. 따라서 '아춤'과 '나죄'의 방향 대립 관계는 명백히 입증된다.

> (6) a. 아춤 나죄로 뵈며 겨슬이어든 두ㅅ게 ᄒ며 녀름이어든 서를케 ᄒ
>   며(旦夕溫淸ᄒ며) <번小九 94a>

<7> 안ㅎ/밧

두 명사가 [內/外] 및 [裏/表] 즉 '안/밖'의 뜻을 가지고 方向 對立 관계에 있다. 원문 중 '內志…外體…'가 '안햇 ᄆᆞᅀᆞ미…밧긔 얼굴이…'로 번역되고 '居外…居內'가 '밧긔 살고…안해 살다'로 번역된다. '外內'가 '밧과 안ᄒᆞ'으로 번역된다. '辨內外'가 '안팟ᄀᆞᆯ ᄀᆞᆯᄒᆡ나게 ᄒᆞ다'로 번역된다. 그리고 '表裏'가 '안팟'으로 번역된다. 따라서 '안ᄒᆞ'과 '밧'의 방향 대립 관계는 명백히 입증된다.

(7) a. 안햇 ᄆᆞᅀᆞ미 졍ᄒᆞ며 밧긔 얼굴이 고죽ᄒᆞᆫ 후에ᅀᅡ(內志正ᄒᆞ고 外體直然後에) <번小四 21b>

　　 b. 男子ᄂᆞᆫ 밧긔 살오 女(16b)子ᄂᆞᆫ 안해 사라(男子ㅣ 居外ᄒᆞ고 女子ㅣ 居內ᄒᆞ야) <번小三 17a>

　　 c. 밧과 안쾌 우므를 어우러 길디 말며(外內不共井ᄒᆞ며) <번小三 19a>

　　 d. 宮室을 짓오ᄃᆡ 안팟ᄀᆞᆯ ᄀᆞᆯᄒᆡ나게 ᄒᆞ야(爲宮室호ᄃᆡ 辨內外ᄒᆞ야) <번小三 16b>

(7) e. 안팟기 서르 마자(表裏相應ᄒᆞ야) <번小十 25b>

<8> 앎/뒤ㅎ

두 명사가 [前/後] 즉 '앞/뒤'의 뜻을 가지고 方向 對立 관계에 있다. 원문 중 '前…後'가 '앒ㅍ…뒤ㅎ'로 번역된다. 따라서 '앒'과 '뒤ㅎ'의 방향 대립 관계는 명백히 입증된다.

(8) a. 형은 앒프로 어버ᄋᆡ 옷기즐 잡고 아ᅀᆞᆫ 뒤호로 어버ᄋᆡ 옷기슬글 잇드러(前襟後裾ᄒᆞ야) <번小七 39a>

<9> 왼녁/올흔녁

두 명사가 [左/右] 즉 '왼쪽/오른쪽'의 뜻을 가지고 方向 對立 관계에 있다. 원문 중 '左右屛'이 '왼녀그뢰나 올흔녀그뢰나 므르다'로 번역된다. 따라서 '왼녁'과 '올흔녁'의 방향 대립 관계는 명백히 입증된다.

　　(9) a. 왼녀그뢰나 올흔녀그뢰나 믈러셔 기들올디니라(則左右屛而待니라) <번小三 30a>

<10> 우ㅎ/아래

두 명사가 [上/下] 즉 '위/아래'의 뜻을 가지고 方向 對立 관계에 있다. 원문 중 '上下'가 '우콰 아래'로 번역된다. 따라서 '우ㅎ'와 '아래'의 방향 대립 관계는 명백히 입증된다.

　　(10) a. 이런 드로 우콰 아래왜 能히 서르 親ᄒᄂ니라(故로 上下ㅣ 能相親也ㅣ라) <번小三 8a>

<11> 처삼/내죵

두 명사가 [始/終] 즉 '처음/나중'의 뜻을 가지고 方向 對立 관계에 있다. 원문 중 '終始'가 '내죵과 처삼'으로 번역된다. 따라서 '처삼'과 '내죵'의 방향 대립 관계는 명백히 입증된다.

　　(11) a. 내죵과 처ᅀᆞ미 ᄒᆞ가짓 ᄠᅳ디면(終始一意則) <번小六 10a>

<12> 처섬/ᄆᆞ춤

두 명사가 [初/終] 즉 '처음/나중'의 뜻을 가지고 方向 對立 관계에 있

다. 원문 중 '有初…有終'이 '처서미 잇다…ᄆᆞ츠미 잇다'로 번역된다. 따라서 '처섬'고 'ᄆᆞ츰'의 방향 대립 관계는 명백히 입증된다.

(12) a. 毛詩예 ᄀᆞ로듸 처서미ᅀᅡ 아니 이시리 업스나 능히 ᄆᆞ츠미 이시
리 져그니라 ᄒᆞ도다(詩曰靡不有初ㅣ나 鮮克有終이라 ᄒᆞ도다)
<번小三 46b>

<13> 하늘/ᄯᅡㅎ

두 명사가 [天/地] 즉 '하늘/땅'의 뜻을 가지고 方向 對立 관계에 있다. 원문 중 '天…地'가 '하ᄂᆞ리 ᄯᅡㅎ'로 번역된다. 따라서 '하늘'과 'ᄯᅡㅎ'의 방향 대립 관계는 명백히 입증된다.

(13) a. 하ᄂᆞ리 ᄯᅡㅎ록 몬져 ᄒᆞ며(天先乎地ᄒᆞ며) <번小三 15a>

5.2. 逆動語

逆動語에는 [隱/揚] 즉 '숨기다/드러내다'의 뜻을 가진 '그ᅀᅵ다/펴내다'를 비롯하여 15 항목이 있다.

<1> 그ᅀᅵ다/펴내다

두 동작동사가 [隱/揚] 즉 '숨기다/드러내다'의 뜻을 가지고 方向 對立 관계에 있다. 원문 중 '隱惡揚善'이 '사오나온 일란 그ᅀᅵ고 됴흔 일안 펴내다'로 번역된다. 그리고 '隱人的德 揚人的非'가 'ᄉᆞᄅᆞ미 어딘 일란 그ᅀᅵ고 사오나온 일란 펴내다'로 벅역된다. 따라서 '그ᅀᅵ다'와 '펴내다'의 방향 대립 관계는 명백히 입증된다.

(1) a. 샹녯 말ᄉᆞ매 닐오ᄃᆡ 사오나온 일란 그ᅀᅵ고 됴ᄒᆞᆫ 일란 펴낼 거시라 ᄒᆞᄂᆞ니라(常言道 隱惡揚善) <번老下 44b>

b. ᄒᆞ다가 사ᄅᆞᄆᆡ 어딘 일란 그ᅀᅵ고 사오나온 일란 펴내요미(若是隱人的德 揚人的非) <번老下 44b>

<2> 나가다/드러오다

두 동작동사가 [出/入] 즉 '나가다/들어오다'의 뜻을 가지고 方向 對立 관계에 있다. 원문 중 '出入'이 '나갈…드러와…'로 번역된다. 따라서 '나가다'와 '드러오다'의 방향 대립 관계는 명백히 입증된다.

(2) a. 나갈 제 니ᄅᆞ고 가며 드러와 뵈며(出入啓覲ᄒᆞ며) <번小九 94a>

<3> 나다/들다

두 동작동사가 [出/入] 즉 '나다/들다'의 뜻을 가지고 方向 對立 관계에 있다. 원문 중 '出入'이 '나며 들다'로 번역되고 '每出入'이 'ᄆᆡ야 나들다'로 번역된다. 따라서 '나다'와 '들다'의 방향 대립 관계는 명백히 입증된다.

(3) a. ᄉᆞ골 바ᄐᆞᆯ ᄒᆞᆫ 들헤 ᄒᆞ야 나며 들 제 서르 벋ᄒᆞ야(鄕田同井伊 出入相友爲旀) <正俗 12b>

b. ᄆᆡ양 나들 저긔 살문 밧긔셔 ᄆᆞᆯ 브리며(每出入에 常於戟門外예 下馬ᄒᆞ며) <번小十 12b>

<4> 나ᅀᅡ가다/믈러오다

두 동작동사가 [進/退] 즉 '나아가다/물러오다'의 뜻을 가지고 方向

對立 관계에 있다. 원문 중 '進思…退思'가 '나ᅀᅡ가ᄂᆞᆫ…ᄉᆡᆼ각ᄒᆞ고 믈러와ᄂᆞᆫ…ᄉᆡᆼ각ᄒᆞ다'로 번역된다. 따라서 '나ᅀᅡ가다'와 '믈러오다'의 방향 대립 관계는 명백히 입증된다.

(4) a. 나ᅀᅡ가ᄂᆞᆫ 忠誠ᄉᆞᆼ장 홀 이ᄅᆞᆯ ᄉᆡᆼ각ᄒᆞ고 믈러와ᄂᆞᆫ 허믈 깁ᄉᆞ올 이ᄅᆞᆯ ᄉᆡᆼ각ᄒᆞ야(進思盡忠ᄒᆞ며 退思補過ᄒᆞ야) <번小三 8a>

b. 나ᅀᅡ오라 니ᄅᆞ디 아니커시든 나ᅀᅡ가디 말며 믈러가라 니ᄅᆞ디 아니커시든 믈러오디 말며(不謂之進이어든 不敢進ᄒᆞ며 不謂之退어든 不敢退ᄒᆞ며) <번小三 24b>

<5> 낫다/므르다

두 동작동사가 [進/退] 즉 '나아가다/물러나다'의 뜻을 가지고 方向 對立 관계에 있다. 원문 중 '進退'가 '나ᅀᆞ며 므르다'로 번역된다. 따라서 '낫다'와 '므르다'의 방향 대립 관계는 명백히 입증된다.

(5) a. 활소기ᄂᆞᆫ 나ᅀᆞ며 므르며 곱도로ᄆᆞᆯ 모로매 례예 맛게 홀디니(射者ᄂᆞᆫ 進退周還을 必中禮니) <번小四 21b>

<6> 니러나다/믈어디다

두 동작동사가 [隆/替] 즉 '일어나다/무너지다'의 뜻을 가지고 方向 對立 관계에 있다. 원문 중 '隆…替'가 '니러나미…믈어듀미'로 번역된다. 따라서 '니러나다'와 '믈어디다'의 방향 대립 관계는 명백히 입증된다.

(6) a. 니러나미 이시(27b)면 도로 믈어듀미 이시며(有隆還有替니) <번小六 28a>

<7> 더으다/덜다

두 동작동사가 [增/損] 즉 '더하다/덜다'의 뜻을 가지고 方向 對立 관계에 있다. 원문 중 '增損'이 '더으며 덜다'로 번역된다. 따라서 '더으다'와 '덜다'의 방향 대립 관계는 명백히 입증된다.

(7) a. 쥬즈의 더으며 덜며 혼 려시의 향둥 긔약이라(朱子增損呂氏鄕約伊羅) <呂約 1a>

   b. 잠깐 더으며 덜며 ᄒ야(稍增損之爲也) <呂約 37a>

<8> 맞다/보내다

두 동작동사가 [迎/送]의 뜻을 가지고 方向 對立 관계에 있다. 원문 중 '迎送'이 '마즈며 보내다'로 번역된다. 따라서 '맞다'와 '보내다'의 방향 대립 관계는 명백히 입증된다.

(8) a. 셋재 ᄀ론 손을 쳥ᄒ며 마즈며 보내요미(三日請召迎送伊) <呂約 23b>

<9> 부ᄒ다/팀ᄒ다

두 동작동사가 [浮/沉] 즉 '뜨다/잠기다'의 뜻을 가지고 方向 對立 관계에 있다. 원문 중 '浮/沉'이 '부ᄒ락 팀ᄒ락 ᄒ다'로 번역된다. 따라서 '부ᄒ다'와 '팀ᄒ다'의 방향 대립 관계는 명백히 입증된다.

(9) a. 의원이 닐오듸(39b) 네 믹이 부ᄒ락 팀ᄒ락 ᄒᄂ다(太醫說 你脉息浮/沉) <번老上 40a>

<10> 삼다/흩다

두 동작동사가 [積/散] 즉 '쌓다/흩다'의 뜻을 가지고 方向 對立 관계에 있다. 원문 중 '積…散'이 '자본 거슬 사하 두듸…흐터 주며'로 번역된다. 따라서 '샇다'와 '흩다'의 방향 대립 관계는 명백히 입증된다.

(10) a. 자본 거슬 사하 두듸 능히 흐터 주며(積而能散ㅎ며) <번小四 3b>

<11> 셩ㅎ다/쇠ㅎ다

두 동사가 [盛/衰] 즉 '성하다/쇠하다'의 뜻을 가지고 方向 對立 관계에 있다. 원문 중 '盛衰'가 '셩ㅎ며 쇠ㅎ다'로 번역되고 '盛…衰'가 '셩ㅎ면…쇠ㅎ고'로 번역된다. 따라서 '셩ㅎ다'와 '쇠ㅎ다'의 방향 대립 관계는 명백히 입증된다. '셩ㅎ다'는 상태동사이고 '쇠ㅎ다'는 동작동사이다.

(11) a. 며느리ᄂᆞᆫ 가무니 글로셔 셩ㅎ며 쇠ㅎᄂᆞ니(婦者ᄂᆞᆫ 家之所由盛衰也ㅣ니) <번小七 33a>
  b. 仁홀 사ᄅᆞᆷ은 가문이 셩ㅎ며 쇠호모로 졀개를 곤티디 아니ㅎ고(仁者ᄂᆞᆫ 不以盛衰로 改節ㅎ고) <번小九 63a>
  c. 만믈이 셩ㅎ면 모로매 쇠ㅎ고(物盛則必衰ㅎ고) <번小六 27b>

<12> 오ᄅᆞ다/ᄂᆞ리다

두 동작동사가 [升/降] 및 [上/下] 즉 '오르다/내리다'의 뜻을 가지고 方向 對立 관계에 있다. 원문 중 '升降'이 '오ᄅᆞ며 ᄂᆞ리다'로 번역된다. 그리고 '浮上浮下'가 '뼈 오ᄅᆞ며 뼈 ᄂᆞ리다'로 번역된다. 따라서 '오ᄅᆞ다'와 'ᄂᆞ리다'의 방향 대립 관계는 명백히 입증된다.

(12) a. 약졍이 당 우희 올아 향 받줍고 ᄂᆞ려(約正升堂上香爲古 降爲
也) <呂約 38b>

b. 약졍이 오ᄅᆞ며 ᄂᆞ릴 저긔 다 동녁 ᄃᆞ리고 ᄒᆞ라(約正升降皆自阼
階) <呂約 39a>

(12) c. 뭇 가온ᄃᆡ 뻐 오ᄅᆞ며 뻐 ᄂᆞ리ᄂᆞ니ᄂᆞᆫ(湖心中浮上浮下的) <번朴
上 70a>

<13> 잡다/놓다

두 동작동사가 [操/縱] 즉 '잡다/놓다'의 뜻을 가지고 方向 對立 관계
에 있다. 원문 중 '操縱'이 '자ᄇᆞ며 놓다'로 번역된다. 따라서 '잡다'와
'놓다'의 방향 대립 관계는 명백히 입증된다.

(13) a. 법 셰욘 ᄠᅳ들 ᄌᆞ셔히 ᄎᆞ려 자ᄇᆞ며 노ᄒᆞ며 ᄒᆞ면(考求立法之意而
操縱之ᄒᆞ면) <번小六 35a>

<14> 프다/디다

두 동작동사가 [發/萎] 즉 '피다/지다'의 뜻을 가지고 方向 對立 관계
에 있다. 원문 중 '早發…先萎'가 '일 퍼…몬져 디다'로 번역된다. 따라
서 '프다'와 '디다'의 방향 대립 관계는 명백히 입증된다.

(14) a. 빗난 동산 안햇 고즌 일 퍼 도로 몬져 디고(灼灼園中花ᄂᆞᆫ 早發
還先萎오) <번小六 28a>

<15> 향ᄒᆞ다/ᄇᆞ리다

두 동작동사가 [向/背] 즉 '향하다/등지다'의 뜻을 가지고 方向 對立

관계에 있다. 원문 중 '向…背'가 '향ᄒᆞ고…ᄇᆞ리다'로 번역된다. 따라서 '향ᄒᆞ다'와 'ᄇᆞ리다'의 방향 대립 관계는 명백히 입증된다.

(15) a. 어딘 이레 향ᄒᆞ고 몹쁠 일란 ᄇᆞ려(向善背惡ᄒᆞ야) <번小六 8b>

제6절
結語

지금까지 1510년대 국어의 對立語를 순수히 共時的으로 고찰해 왔다. 이를 요약하면 다음과 같다.

제1절에서는 研究 目的과 先行 研究 그리고 對立語의 분류가 논의된다. 대립어는 反義語, 相補語, 逆義語 및 方向 對立語로 나누어진다.

제2절에서는 反義語가 狀態動詞에서의 反義語, 動作動詞에서의 反義語, 副詞에서의 反義語 및 其他의 反義語로 나뉘어 고찰된다.

상태동사에서의 反義語에는 [貧/富] 즉 '가난하다/부유하다'의 뜻을 가진 '가난ᄒ다/가ᅀᆞ멸다'를 비롯하여 43 항목이 있다.

동작동사에서의 反義語에는 [譽/毁] 즉 '기리다/나무라다'의 뜻을 가진 '기리다/나무라다'를 비롯하여 6 항목이 있다.

부사에서의 反義語에는 [徐/疾]의 뜻을 가진 '날회여/ᄲᆞᆯ리'와 [尊/卑]의 뜻을 가진 '尊히/ᄂᆞᆺ가이'가 있다.

其他의 반의어에는 [吉/凶]의 뜻을 가진 명사 '吉/凶'이 있다.

제3절에서는 相補語가 名詞에서의 相補語와 動作動詞에서의 상보
어로 나뉘어 고찰된다.

명사에서의 相補語에는 [男/女]와 [男子/女子] 즉 '남자/여자'의 뜻을
'남진/겨집'을 비롯하여 7 항목이 있다.

동작동사에서의 相補語에는 [壽/夭] 즉 '長壽하다/短命하다' 및 '오
래 살다/젊어서 죽다'의 뜻을 가진 '댱슈ᄒ다/단명ᄒ다'를 비롯하여 3
항목이 있다.

제4절에서는 逆義語가 名詞類에서의 逆義語와 動作動詞에서의 逆
義語로 나뉘어 고찰된다.

명사류에서의 逆義語에는 [官/私] 즉 '관청/개인'의 뜻을 가진 '구의/
아룸'을 비롯하여 18 항목이 있다.

동작동사에서의 逆義語에는 [訓/學]과 [敎/學]의 뜻을 가진 'ᄀᄅ치
다/빅호다'를 비롯하여 [問/對]의 뜻을 가진 '묻다/디답ᄒ다'와 [取/去]
의 뜻을 가진 'ᄒ다/ᄇ리다'가 있다.

제5절에서는 方向 對立語가 對蹠語와 逆動語로 나뉘어 고칠된다.

對蹠語에는 [晝/夜], [日/夜] 및 [白日/黑夜] 즉 '낮/밤'의 뜻을 가진
'낮/밤'을 비롯하여 13 항목이 있다.

逆動語에는 [隱/揚] 즉 '숨기다/드러내다'의 뜻을 가진 '그ᄉ|다/펴내
다'를 비롯하여 15 항목이 있다.

제**4**장

1580年代 國語의 對立語 研究

제1절

序言

이 논문은 1580년대 國語의 對立語를 순수히 共時的인 관점에서 연구하는 데 그 목적이 있다.

先行 研究에는 南星祐(1991), 南星祐(2018) 및 南星祐(2019)가 있다. 南星祐(1991)는 15세기 국어의 對立語를 反義語, 相補語, 逆義語 및 方向 對立語로 나누어 고찰하고 있다. 南星祐(2018)는 16세기 國語의 對立語를 反義語, 相補語, 逆義語 및 方向 對立語로 나누어 고찰하고 있다. 南星祐(2019)는 1510年代 國語의 對立語를 反義語, 相補語, 逆義語 및 方向 對立語로 나누어 고찰하고 있다.

對立語의 대표적인 분류로 Lyons(1977)의 것과 Cruse(1986)의 것을 들 수 있다. Lyons(1977: 270-287)에는 네 종류의 語彙的 對立이 제시되어 있는데 反義性(antonymy), 相補性(complementarity), 逆義性(converse- ness) 및 方向的 對立(directional opposition)이 그것이다.

이 논문에서는 Lyons(1977)의 분류를 援用하여 反義語, 相補語, 逆

義語 및 方向 對立語로 나누어 1510년대 국어의 對立語를 고찰하려고 한다.

이 논문에서 사용된 문헌들은 다음과 같다.

略號 文獻名

<小언> 小學諺解(1558). 檀國大學校 附設 退溪學硏究所 영인본 (1991). 退溪學硏究叢書 제1집.

<論언> 論語諺解(1588). 檀國大學校 附設 退溪學硏究所 영인본 (1997). 退溪學硏究叢書 제3집.

제2절
反義語

反義는 語彙에서 발견되는 가장 명백한 二元的 對立(binary opposition)들 중의 하나이다. 反義의 예를 들면 다음과 같다. 길다/짧다, 어렵다/쉽다, 좋다/나쁘다 등. 反義語는 대부분이 狀態動詞이고 소수가 動作動詞이다.

反義를 결정하는 데 중요한 개념이 等級化(grading)이디. 語彙的 對立을 等級化가 가능한 것과 불가능한 것으로 나눌 수 있는데 등급화가 가능한 것이 等級的 對立語(gradable opposite)이고 불가능한 것이 非等級的 對立語(ungradable opposite)이다. 둘 중 等級的 對立語가 反義語(antonym)이다. Cruce(1986: 204)는 반의어들이 共有하는 특징들의 하나로 等級 可能性(gradability)을 들고 있다.

2.1. 狀態動詞에서의 反義語

狀態動詞에서의 反義語에는 [貧/富] 즉 '가난하다/부유하다'의 뜻을 가진 '가난ᄒ다/가ᅀᆞᆷ열다'를 비롯하여 [輕/重] 즉 '가볍다/무겁다'의 뜻을 가진 '가비얍다/므겁다'와 [剛/柔] 즉 '단단하다/부드럽다'의 뜻을 가진 '강건ᄒ다/유슌ᄒ다' 등 29 항목이 있다.

<1> 가난ᄒ다/가ᅀᆞᆷ열다

두 상태동사가 [貧/富] 즉 '가난하다/부유하다'의 뜻을 가지고 反義 관계에 있다. 원문 중 '富…貧'이 '가ᅀᆞᆷ열며…가난ᄒ며'로 번역되고 '以富呑貧'이 '가ᅀᆞ여롬ᄋᆞ로써 가난ᄒ 이를 뫼호다'로 번역된다. 따라서 '가ᅀᆞᆷ열다'와 '가난ᄒ다'의 반의 관계는 명백히 입증된다.

  (1) a. 그 가ᅀᆞᆷ열며 貴ᄒ며 가난ᄒ며 賤ᄒ며 헐쓰리며 기리며 깃브며 측ᄒ욤애(其於富貴貧賤毁譽歡戚애) <小言六 119a>

   b. 다ᄉᆞᆺ재ᄂᆞᆫ 지믈의 하며 젹음과 가난홈을 슬희여 ᄒ고 가ᅀᆞᆷ열움을 求홈을 닐으디 아니홈이오 (五ᄂᆞᆫ 不言財利多少厭貧求富ㅣ오) <小言五 100b>

   c. 가ᅀᆞ여롬ᄋᆞ로써 가난ᄒ 이를 뫼호디 말며(無以富로 呑貧ᄒ며) <小言五 34b>

<2> 가비얍다/므겁다

두 상태동사가 [輕/重] 즉 '가볍다/무겁다'의 뜻을 가지고 反義 관계에 있다. 원문 중 '輕重'이 '가비야오며 므겁다'로 번역된다. 따라서 '가비얍다'와 '므겁다'의 반의 관계는 명백히 입증된다.

(2) a. 말숨과 거동이 가비야오며 므거우며 섈ᄅ며 날호여 홈애 足히 뼈

볼이니(辭令容止輕重疾徐에 足以見之矣니) <小언五 94a>

(2) b. 가비야온 짐을 뫼호고 므거운 짐을 눈화(輕任을 并ᄒ고 重任을

分ᄒ야) <小언二 64b>

<3> 강건ᄒ다/유슌ᄒ다

두 상태동사가 [剛/柔] 즉 '단단하다/부드럽다'의 뜻을 가지고 反義
관계에 있다. 원문 중 '剛柔'가 '강건ᄒ며 유슌ᄒ다'로 번역된다. 따라
서 '강건ᄒ다'와 '유슌ᄒ다'의 반의 관계는 명백히 입증된다.

(3) a. ᄉ나히 겨집의게 몬져 홈은 강건ᄒ며 유슌ᄒ 뜯이니(男先於女ᄂ

剛柔之義也ㅣ니) <小언二 48b>

<4> 검박ᄒ다/샤치ᄒ다

두 상태동사가 [儉/奢] 즉 '검박하다/사치하다'의 뜻을 가지고 反義
관계에 있다. 원문 중 '由…儉…由…奢傲'가 '검박홈으로 말믜암아…
샤치ᄒ며 오만홈으로 말믜암아'로 번역된다. 따라서 '검박ᄒ다/샤치ᄒ
다'의 반의 관계는 명백히 입증된다.

(4) a. …검박홈으로 말믜암아…샤치ᄒ며 오만홈으로 말믜암아(由…儉

ᄒ야…由…奢傲ᄒ야) <번小五 19a>

<5> 貴ᄒ다/賤ᄒ다

두 상태동사가 [貴/賤] 즉 '貴하다/賤하다'의 뜻을 가지고 反義 관계
에 있다. 원문 중 '貴賤'이 '貴ᄒ며 賤ᄒ다'로 번역된다. 따라서 '貴ᄒ다'

와 '賤ᄒ다'의 반의 관계는 명백히 입증된다.

(5) a. ᄯᅩ 貴ᄒ며 賤ᄒ며 댱슈ᄒ며 단명홈의 말미아마 定ᄒᆫ 배니라(亦貴
賤壽夭之所由定也ㅣ니라) <小言五 94a>

b. 그 가옴열며 貴ᄒ며 가난ᄒ며 賤ᄒ며 헐ᄡ리며 기리며 깃브며 측
ᄒ욤애(其於富貴貧賤毀譽歡戚애) <小言六 119a>

c. 져믄 이 얼운 셤기며 賤ᄒᆫ 이 貴ᄒᆫ 이 셤곰애(少事長ᄒ며 賤事貴
예) <小言二 8a>

<6> 길다/댜ᄅ다

두 상태동사가 [長/短] 즉 '길다/짧다'의 뜻을 가지고 反義 관계에 있
다. 원문 중 '爭長競短'이 '길믈 ᄃ토며 댜롬을 결우다'로 번역된다. 따
라서 '길다'와 '댜ᄅ다'의 반의 관계는 명백히 입증된다.

(6) a. 다른 姓이 서르 모다셔 길믈 ᄃ토며 댜롬을 결워(異姓이 相聚ᄒ
야 爭長競短ᄒ야) <小言五 73a>

<7> 吉ᄒ다/凶ᄒ다

두 상태동사가 [吉/凶] 즉 '吉하다/凶하다'의 뜻을 가지고 反義 관계
에 있다. 원문 중 '吉凶'이 '吉ᄒ며 凶ᄒ다'로 번역되고 '吉人…凶人'이
'吉ᄒᆫ 사ᄅᆷ…凶ᄒᆫ 사ᄅᆷ'으로 번역된다. 따라서 '吉ᄒ다'와 '凶ᄒ다'의
반의 관계는 명백히 입증된다.

(7) a. 吉ᄒ며 凶ᄒ며 영화며 辱이 오직 그 블으는(90b) 배니라(吉凶榮
辱이 惟其所召ㅣ니라) <小言五 91a>

b. 어디롬이란 거슨 吉홈을 닐옴이오 어디디 몯홈이란 거슨 凶홈을

닐옴인 줄 알(27a)디니라(知善也者ᄂᆞᆫ 吉之謂之ㅣ오 不善也者ᄂᆞᆫ
凶之謂也ㅣ니라) <小언五 27b>

c. 吉흔 사ᄅᆞᆷᄋᆞᆫ 어딘 일ᄋᆞᆯ 호ᄃᆡ 오직 날을 不足히 너겨 ᄒᆞ거든 凶흔
사ᄅᆞᆷᄋᆞᆫ 어디디 아닌 일ᄋᆞᆯ 호ᄃᆡ ᄯᅩ 오직 날을 不足히 너겨 ᄒᆞᄂᆞ다
ᄒᆞ니(吉人ᄋᆞᆫ 爲善호ᄃᆡ 惟日不足이어든 凶人ᄋᆞᆫ 爲不善호ᄃᆡ 亦惟
日不足이라 ᄒᆞ니) <小언五 29b>

d. 너희네ᄂᆞᆫ 吉흔 사ᄅᆞᆷ이 되고져 ᄒᆞᄂᆞᆦ 凶흔 사ᄅᆞᆷ이 되고져 ᄒᆞᄂᆞ
ᄂᆦ(汝等ᄋᆞᆫ 欲爲吉人乎아 欲爲凶人乎아) <小언五 29b>

<8> 깃브다/측ᄒᆞ다

두 상태동사가 [歡/戚] 즉 '기쁘다/슬프다'의 뜻을 가지고 反義 관계
에 있다. 원문 중 '歡戚'이 '깃브며 측ᄒᆞ다'로 번역된다. 따라서 '깃브다'
와 '측ᄒᆞ다'의 반의 관계는 명백히 입증된다.

(8) a. 그 가ᄋᆞᆷ열며 貴ᄒᆞ며 가난ᄒᆞ며 賤ᄒᆞ며 헐ᄡᅳ리며 기리며 깃브며 측
ᄒᆞ욤애(其於富貴貧賤毁譽歡戚애) <小언六 119a>

<9> 높다/ᄂᆞᆽ갑다

두 상태동사가 [高/下]와 [上/下] 즉 '높다/낮다'의 뜻을 가지고 反義
관계에 있다. 원문 중 '下…高'가 'ᄂᆞᆽ가온 ᄃᆡ…놉픈 ᄃᆡ'로 번역된다. 그
리고 '人之上下'가 '인품의 놉ᄂᆞᆽ가이'로 번역된다. 따라서 '높다'와 'ᄂᆞᆽ
갑다'의 반의 관계는 명백히 입증된다.

(9) a. ᄂᆞᆽ가온 ᄃᆡ 이셔 놉픈 ᄃᆡ를 엿보ᄂᆞᆫ 디라(處下而闚高ㅣ라) <小언六
17a>

b. 모롬애 인품의 놉ᄂᆺ가이를 글히욜띠니(要分別人品之上下ㅣ니)
   <小언五 8a>

<10> 늙다/졈다

두 상태동사가 [老/幼] 즉 '늙다/어리다'의 뜻을 가지고 反義 관계에
있다. 원문 중 '有老幼'가 '늘그며 졈은 적이 잇다'로 번역된다. 따라서
'늙다'와 '졈다'의 반의 관계는 명백히 입증된다.

   (10) a. 疾病이 이시며 늘그며 졈은 적이 인ᄂᆞ니(有疾病焉ᄒᆞ며 有老幼
      焉ᄒᆞ니) <小언二 76a>

<11> 利ᄒᆞ다/害롭다

두 상태동사가 [利/害] 즉 '이롭다/해롭다'의 뜻을 가지고 反義 관계
에 있다. 원문 중 '利害'가 '利ᄒᆞ며 害롭다'로 번역된다. 따라서 '利ᄒᆞ다'
와 '害롭다'의 반의 관계는 명백히 입증된다.

   (11) a. 올ᄒᆞ며 외며 利ᄒᆞ며 害로옴을 곧초와 솔와(具是非利害而白之ᄒᆞ
      야) <小언五 36a>
      b. 朝廷의 利ᄒᆞ며 害로옴과(朝廷利害와) <小언五 100b>

<12> 大ᄒᆞ다/小ᄒᆞ다

두 상태동사가 [大/小] 즉 '크다/작다'의 뜻을 가지고 반의 관계에 있
다. 원문 중 '大車'가 '大훈 車'로 번역되고 '小車'가 '小훈 車'로 번역된
다. 따라서 '大ᄒᆞ다'와 '小ᄒᆞ다'의 반의 관계는 명백히 입증된다.

   (12) a. 子ㅣ 글ᄋᆞ샤ᄃᆡ…大훈 車ㅣ 輗ㅣ 업스며 小훈 車ㅣ 軏이 업스면

그 므서그로써 行ᄒ리오(子ㅣ曰…大車ㅣ無輗ᄒ며 小車ㅣ無軏
이면 其何以行之哉리오) <論언一 17b>

b. 子貢이 굴오ᄃᆡ…賢흔 者ᄂᆞᆫ 그 大흔 者를 識ᄒ고 賢티 몯흔 者ᄂᆞᆫ
그 小흔 者를 識ᄒ야 文武의 道를 두디 아니리 업스니(子貢이 曰
…賢者ᄂᆞᆫ 識其大者ᄒ고 不賢者ᄂᆞᆫ 識其小者ᄒ야 莫不有文武之
道焉ᄒ니) <論언四 63a>

<13> ᄆᆞᆰ다/흐리다

두 상태동사가 [淸/濁] 즉 'ᄆᆞᆰ다/흐리다'의 뜻을 가지고 反義 관계에
있다. 원문 중 '淸濁'이 'ᄆᆞᆰ으며 흐리다'로 번역된다. 따라서 'ᄆᆞᆰ다'와
'흐리다'의 반의 관계는 명백히 입증된다.

(13) a. ᄆᆞᆰ으며 흐린 ᄃᆡ 일홀 배 업서(淸濁無所失ᄒ야) <小언五 13b>

<14> 貧賤ᄒ다/富貴ᄒ다

두 상태동사가 [貧賤/富貴] 즉 '빈천하다/부귀하다'의 뜻을 가지고
反義 관계에 있다. 원문 중 '前貧賤 後富貴'가 '前의ᄂᆞᆫ 貧賤ᄒ고 後에
ᄂᆞᆫ 富貴ᄒ다'로 번역된다. 따라서 '貧賤ᄒ다'와 '富貴ᄒ다'의 반의 관계
는 명백히 입증된다.

(14) a. 前의ᄂᆞᆫ 貧賤ᄒ고 後에ᄂᆞᆫ 富貴ᄒ거든 내티디 아닐디니라(前貧賤
이오 後富貴어든 不去ㅣ니라) <小언二 55b>

<15> 貧ᄒ다/富ᄒ다

두 상태동사가 [貧/富] 즉 '가난하다/부유하다'의 뜻을 가지고 反義

관계에 있다. 원문 중 '貧…富'가 '貧ᄒ고…富ᄒ고'로 번역된다. 따라서 '貧ᄒ다'와 '富ᄒ다'의 반의 관계는 명백히 입증된다.

(15) a. 子ㅣ ᄀᆞᄅᆞ샤ᄃᆡ 可ᄒ나 貧ᄒ고 樂ᄒ며 富ᄒ고 禮를 好ᄒᄂᆞᆫ 者만 ᄀᆞᆮ디 몯ᄒᄂᆞ니라(子ㅣ 曰可也ㅣ나 未若食而樂ᄒ며 富而好禮者 也ㅣ니라) <論언一 8a>

b. 子貢이 ᄀᆞᄅᆞ오ᄃᆡ 食ᄒ야도 諂홈이 업스며 富ᄒ야도 驕홈이 업소 (7b)ᄃᆡ 엇더ᄒᆞ닝잇고(子貢이 曰食而無諂ᄒ며 富而無驕호ᄃᆡ 何 如ᄒ니잇고) <論언一 8a>

<16> ᄲᆞᄅᆞ다/날호다

두 상태동사가 [疾/徐] 즉 '빠르다/느리다'의 뜻을 가지고 反義 관계에 있다. 원문 중 '疾徐'가 'ᄲᆞᄅᆞ며 날호다'로 번역된다. 따라서 'ᄲᆞᄅᆞ다'와 '날호다'의 반의 관계는 명백히 입증된다.

(16) a. 말ᄉᆞᆷ과 거동이 가ᄇᆡ야오며 므거우며 ᄲᆞᄅᆞ며 날호여 홈애 足 히 ᄡᅥ 볼이니(辭令容止輕重疾徐에 足以見之矣니) <小언五 94a>

<17> ᄲᆞᄅᆞ다/더듸다

두 상태동사가 [疾/徐] 즉 '빠르다/더듸다'의 뜻을 가지고 反義 관계에 있다. 원문 중 '疾徐'가 'ᄲᆞᄅᆞ며 더듸다'로 번역된다. 따라서 'ᄲᆞᄅᆞ다'와 '더듸다'의 반의 관계는 명백히 입증된다.

(17) a. 命을 타남이 ᄲᆞᄅᆞ며 더듸욤이 이시니(賦命有疾徐ᄒ니) <小언五 26a>

<18> 實ᄒ다/虛ᄒ다

두 상태동사가 [實/虛] 즉 '실하다/허하다'의 뜻을 가지고 反義 관계
에 있다. 원문 중 '實若虛'가 '實ᄒ며 虛ᄒᆫ 둣ᄒ다'로 번역된다. 따라서
'實ᄒ다'와 '虛ᄒ다'의 반의 관계는 명백히 입증된다.

> (18) a. 實ᄒ며 虛ᄒᆫ 둣ᄒ며 침노ᄒ야도 결우디 아니홈을(實若虛ᄒ며
>   犯而不校를) <小언四 40a>
>   b. 實ᄒ며 虛ᄒᆫ 둣ᄒ며 犯ᄒ야도 校티 아니호몰(實若虛ᄒ며 犯而
>   不校를) <論언二 31a>

<19> 어딜다/사오납다

두 상태동사가 [善/惡] 즉 '善하다/惡하다'의 뜻을 가지고 反義 관계
에 있다. 원문 중 '人之善…人之惡'이 '사ᄅᆞᆷ이 어디롬…사ᄅᆞᆷ이 사오나
옴'으로 번역된다. 그리고 '其惡…其善'이 '그 사오나옴을…그 어디름
을'로 번역된다. 따라서 '어딜다'와 '사오납다'의 반의 관계는 명백히 입
증된다.

> (19) a. 사ᄅᆞᆷ이 어디롬으란 듣고 믜여ᄒ며 사ᄅᆞᆷ이 사오나옴으란 듣고 베
>   퍼 내야(聞人之善ᄒ고 嫉之ᄒ며 聞人之惡ᄒ고 揚之ᄒ야) <小
>   언五 17b>
>   b. 어딘 ᄃᆡ 向ᄒ고 사오나온 이ᄅᆞᆯ ᄇᆞ려(向善背惡ᄒ야) <小언五 8a>
>   c. ᄉᆞ랑호온 ᄃᆡ 그 사오나옴을 알고 믜여ᄒᄂᆞᆫ ᄃᆡ 그 어디롬을 알며
>   (愛而知其惡ᄒ고 憎而知其善ᄒ며) <小언三 3a>
>   d. 사오나온 것이 젹다 ᄒ야 ᄡᅥ ᄒ디 말미 어딘 거시 젹다 ᄒ야 ᄡᅥ
>   ᄒ디 아니티 말라(勿以惡小而爲之ᄒ며 勿以善小而不爲ᄒ고)

<小언五 14b>

    e. 사오나옴오로써 어딘 이롤 업슈이 너기디 말며(無以惡으로 陵
    善ᄒ며) <小언五 34b>

<20> 어딜다/사오납다

두 상태동사가 [賢/惡] 즉 '어질다/惡하다'의 뜻을 가지고 反義 관계
에 있다. 원문 중 '賢…惡'이 '어디니…사오나오니'로 번역된다. 따라서
'어딜다'와 '사오납다'의 반의 관계는 명백히 입증된다.

    (20) a. 어디니룰 親히 ᄒ되…사오나오니룰 避ᄒ되(親賢…避惡…) <小
        언五 28a>

<21> 어렵다/쉽다

두 상태동사가 [難/易] 즉 '어렵다/쉽다'의 뜻을 가지고 反義 관계에
있다. 원문 중 '難…易'가 '어려옴…쉬옴'으로 번역된다. 따라서 '어렵
다'와 '쉽다'의 반의 관계는 명백히 입증된다.

    (21) a. …어려옴은…쉬옴은…(難은…易ᄂᆞᆫ…) <小언五 19a>

<22> 올ᄒ다/외다

두 상태동사가 [是/非] 즉 '옳다/그르다'의 뜻을 가지고 反義 관계에
있다. 원문 중 '是非'가 '올ᄒ며 외다'로 번역된다. 따라서 '올ᄒ다'와
'외다'의 반의 관계는 명백히 입증된다.

    (22) a. 올ᄒ며 외며 利ᄒ며 害로옴ᄋᆞᆯ ᄀᆞ초와 솔와(具是非利害而白之ᄒ
        야) <小언五 36a>

b. 붉으며 민첩ᄒ며 강과ᄒ며 결(32a)단홈으로ᄡᅥ 올ᄒ며 외욤을 분
변ᄒ며(以明敏果斷으로 辨是非ᄒ며) <小언五 32b>

c. 망녕도이 졍ᄉᆡ며 법녕을 올ᄒ니 외니 홈이(妄是非正法이) <小
언五 12b>

d. 외니 올ᄒ니 ᄒ며 헐ᄡᅳ리며 기리ᄂᆞᆫ ᄉᆞ이예(是非毀譽間애) <小
언五 22b>

<23> 용ᄒ다/낟ᄇ다

두 상태동사가 [長/短] 즉 '좋다/나쁘다'의 뜻을 가지고 反義 관계에
있다. 원문 중 '人長短'이 '사ᄅᆞᆷ의 용ᄒᆫ 곧과 낟븐 곧'으로 번역된다. 따
라서 '용ᄒ다'와 '낟브다'의 반의 관계는 명백히 입증된다.

(23) a. 사ᄅᆞᆷ의 용ᄒᆫ 곧과 낟븐 곧을 즐겨 議論ᄒ며(好議論人長短ᄒ며)
<小언五 12b>

<24> 유익ᄒ다/해롭다

두 상태동사가 [益/損] 즉 '유익하다/해롭다'의 뜻을 가지고 反義 관
계에 있다. 원문 중 '益者…損者…'가 '유익ᄒᆫ 이…해로온 이…'로 번
역된다. 따라서 '유익ᄒ다'와 '해롭다'의 반의 관계는 명백히 입증된다.

(24) a. 유익ᄒᆫ 이 세 가짓 벋이오 해로온 이 세 가짓 벋이니(益者ㅣ 三
友 損者ㅣ 三友이니) <小언二 66b>

<25> 일ᄋ다/졈을다

두 상태동사가 [早/暮] 즉 '이르다/저물다'의 뜻을 가지고 反義 관계

에 있다. 원문 중 '早暮'가 '일ᄋᆞ며 져믈다'로 번역된다. 따라서 '일ᄋᆞ다'와 '져믈다'의 반의 관계는 명백히 입증된다.

(25) a. 날(61a)이 일ᄋᆞ며 져믈음을 보거시든(視日早暮ㅣ어시든) <小언二 61b>

<26> 잇다/업다

두 상태동사가 [有/無] 즉 '있다/없다'의 뜻을 가지고 反義 관계에 있다. 원문 중 '有若無'가 '이슈ᄃᆡ 업슨 ᄃᆞᆺᄒᆞ다'로 번역된다. 따라서 '잇다'와 '업다'의 반의 관계는 명백히 입증된다.

(26) a. 이슈ᄃᆡ 업슨 ᄃᆞᆺᄒᆞ며(有若無ᄒᆞ며) <論언二 31a>
b. 君子ㅣ 아홉 성각홈이 이시니(君子有九思ᄒᆞ니) <小언三 3b>
c. 사라셔 시져리 더음이 업스먀(生無益於時ᄒᆞ며) <小언六 109a>

<27> 正ᄒᆞ다/샤곡ᄒᆞ다

두 상태동사 '正ᄒᆞ다/샤곡(邪曲)ᄒᆞ다'가 [正/邪] 즉 '바르다/옳지 아니하다'의 뜻을 가지고 反義 관계에 있다. 원문 중 '內志正'이 '안 ᄠᅳ디 正ᄒᆞ다'로 번역되고 '邪辟'이 '샤곡ᄒᆞ고 괴벽ᄒᆞ다'로 번역된다. 따라서 '正ᄒᆞ다'와 '샤곡ᄒᆞ다'의 반의 관계는 명백히 입증된다.

(27) a. 안 ᄠᅳ디 正ᄒᆞ고 밧 얼굴이 고든 然後에(內志正ᄒᆞ고 外體直然後에) <小언三 19a>
b. 게으르고 퍼러디며 샤곡ᄒᆞ고 괴벽ᄒᆞᆫ 긔운을(惰慢邪辟之氣를) <小언三 7a>

<28> 크다/젹다

두 상태동사가 [大/小]와 [巨/細] 즉 '크다/작다'의 뜻을 가지고 反義
관계에 있다. 원문 중 '小…大'가 '젹다…크다'로 번역된다. 그리고 '巨
細'가 '크며 젹다'로 번역된다. 따라서 '크다'와 '젹다'의 반의 관계는 명
백히 입증된다.

(28) a. 젹으면…크면…(小則…大則…) <小언五 29a>
  b. 집일이 크며 젹은 이롤 ᄒᆞᆫ골ᄀᆞ티 뼈 무러 決ᄒᆞ며(家事巨細를 一
    以咨決ᄒᆞ며) <小언六 87b>
  c. 몬져 젹으며 갓(118a)가온 이로뻐 ᄀᆞᄅ치고 後에 크며 먼 이로뻐
    ᄀᆞᄅ치ᄂᆞ니(先傳以小者近者而後敎以大者遠者ㅣ니) <小언五
    118b>

<29> 하다/젹다

두 상태동사가 [多/少] 즉 '많다/젹다'의 뜻을 가지고 反義 관계에 있
다. 원문 중 '多少'가 '하며 젹다'로 번역된다. 따라서 '하다'와 '젹다'의
반의 관계는 명백히 입증된다.

(29) a. 다ᄉᆞ째ᄂᆞᆫ 지믈의 하며 젹음과 가난홈을 슬희여 하고 가ᅀᆞ멸움
    을 求호믈 닐으디 아니홈이오(五ᄂᆞᆫ 不言財利多少厭貧求富ㅣ오)
    <小언五 100b>

2.2. 動作動詞에서의 反義語

動作動詞에서의 反義語에는 [譽/毁] 즉 '기리다/헐뜯다'의 뜻을 가진

'기리다/헐쓰리다'를 비롯하여 [悅/厭] 즉 '좋아하다/싫어하다'의 뜻을 가진 '깄다/아쳐ᄒ다', [順/逆] 즉 '좇다/거스르다'의 뜻을 가진 '順ᄒ다/거슯즈다', [損/益] 즉 '덜다/늘다'의 뜻을 가진 '損ᄒ다/益ᄒ다', [濡/乾] 즉 '젖다/마르다'의 뜻을 가진 '젖다/ᄆᆞᄅ다' 그리고 [好/惡] 즉 '좋아하다/싫어하다'의 뜻을 가진 '好ᄒ다/惡ᄒ다'가 있다.

<1> 기리다/헐쓰리다

두 동작동사가 [譽/毀] 즉 '기리다/헐뜯다'의 뜻을 가지고 反義 관계에 있다. 원문 중 '毀譽'가 '헐쓰리며 기리다'로 번역된다. 따라서 '기리다'와 '헐쓰리다'의 반의 관계는 명백히 입증된다.

> (1) a. 외니 올ᄒ니 ᄒ며 헐쓰리며 기리ᄂᆞᆫ ᄉᆞ이예(是非毀譽間애) <小언五 22b>
> 　　b. 가음열며 貴ᄒ며 가난ᄒ며 賤ᄒ며 헐쓰리며 기리며 깃브며 측ᄒ욤애(其於富貴貧賤毀譽歡戚애) <小언六 119a>

<2> 깄다/아쳐ᄒ다

두 동작동사가 [悅/厭] 즉 '좋아하다/싫어하다'의 뜻을 가지고 反義 관계에 있다. 원문 중 '厭之…悅之'가 '아쳐ᄒ고…깃거ᄒ다'로 번역된다. 따라서 '깄다'와 '아쳐ᄒ다'의 반의 관계는 명백히 입증된다.

> (2) a. 제게 더으니ᄅᆞᆯ 아쳐ᄒ고 제게 아당ᄒᄂᆞᆫ 이ᄅᆞᆯ 깃거ᄒ야(滕己者ᄅᆞᆯ 厭之ᄒ고 佞己者ᄅᆞᆯ 悅之ᄒ야) <小언五 17b>

<3> 順ᄒ다/거슯즈다

두 동작동사가 [順/逆] 즉 '좇다/거스르다'의 뜻을 가지고 反義 관계에 있다. 원문 중 '去順效逆'이 '順홈을 부리고 거슳즘을 비호다'로 번역된다. 따라서 '順하다'와 '거슳즈다'의 반의 관계는 명백히 입증된다.

(3) a. 順홈을 부리고 거슳즘을 비홈이 뼈 화란을 블으는 배니(去順效逆이 所以速禍也ㅣ니) <小언四 49b>
    b. 닐온 밧 여슷 거(49a)슳즘이오…닐온 밧 여슷 順홈이니이다(所謂六逆이오…所謂六順也ㅣ니이다) <小언四 49b>

<4> 損하다/益하다

두 동작동사가 [損/益] 즉 '덜다/늘다'의 뜻을 가지고 反義 관계에 있다. 원문 중 '損益'이 '損하며 益하다'로 번역된다. 따라서 '損하다'와 '益하다'의 반의 관계는 명백히 입증된다.

(4) a. 子ㅣ 글으샤ᄃᆡ 殷이 夏ㅅ禮예 因하니 損하며 益흔 바롤 可히 알꺼시며(18a) 周ㅣ 殷ㅅ禮예 因하니 損하며 益흔 바롤 可히 알꺼시니(子ㅣ 曰殷因於夏禮하니 所損益을 可知也ㅣ며 周因於殷禮하니 所損益을 可知也ㅣ니) <論언一 18b>

<5> 젖다/ᄆᆞᄅᆞ다

두 동작동사가 [濡/乾] 즉 '젖다/마르다'의 뜻을 가지고 反義 관계에 있다. 원문 중 '濡肉'이 '저즌 고기'로 번역되고 '乾肉'이 'ᄆᆞ른 고기'로 번역된다. 따라서 '젖다'와 'ᄆᆞᄅᆞ다'의 반의 관계는 명백히 입증된다.

(5) a. 저즌 고기란 니로 베물고 ᄆᆞ른 고기란 니로 베므디 아니하며(濡肉으란 齒決하고 乾肉으란 不齒決하며) <小언三 24a>

<6> 好ᄒᆞ다/惡ᄒᆞ다

두 동작동사가 [好/惡] 즉 '좋아하다/싫어하다'의 뜻을 가지고 反義
관계에 있다. 원문 중 '好仁者'가 '仁을 好ᄒᆞᄂᆞᆫ者'로 번역되고 '惡不仁
者'가 '不仁을 惡ᄒᆞᄂᆞᆫ者'로 번역된다. 따라서 '好ᄒᆞ다'와 '惡ᄒᆞ다'의 반
의 관계는 명백히 입증된다.

(6) a. 子ㅣ 굴ᄋ샤되 내 仁을 好ᄒᆞᄂᆞᆫ 者와 不仁을 惡ᄒᆞᄂᆞᆫ 者를 보디 몯
게라(子ㅣ 曰我未見好仁者와 惡不仁者케라) <論언一 32b>

b. 仁을 好ᄒᆞᄂᆞᆫ 者ᄂᆞᆫ 써 더을 꺼시 업고 不二을 惡ᄒᆞᄂᆞᆫ 者ᄂᆞᆫ 그 仁을
ᄒᆞ욤이 不仁으로 ᄒᆞ여곰 그 몸애 加티 아니ᄒᆞᄂᆞ니라(好仁者ᄂᆞᆫ 無
以尙之오 惡不仁者ᄂᆞᆫ 其爲仁矣ㅣ 不使不仁者로 加乎其身이니
라) <論언一 32b>

2.3. 名詞에서의 反義語

名詞에서의 反義語에는 [貴/賤] 즉 '귀함/천함'의 뜻을 가진 '貴/賤'
이 있다.

<1> 貴/賤

두 명사가 [貴/賤] 즉 '귀함/천함'의 뜻을 가지고 反義 관계에 있다.
원문 중 '貴賤'이 '貴와 賤'으로 번역된다. 따라서 '貴'와 '賤'의 반의 관
계는 명백히 입증된다.

(1) a. 비록 '貴'와 '賤'이 맏디 아니ᄒᆞ나(雖貴賤이 不敵ᄒᆞ나) <小언二
69b>

2.4. 副詞에서의 反義語

副詞에서의 反義語에는 [徐/疾] 즉 '천천히/빨리'의 뜻을 가진 '날회여/샐리'와 [尊/卑] 즉 '尊하게/낮게'의 뜻을 가진 '尊히/놋가이'가 있다.

<1> 날회여/샐리

두 부사가 [徐/疾] 즉 '천천히/빨리'의 뜻을 가지고 反義 관계에 있다. 원문 중 '徐行…疾行'이 '날회여 가…샐리 가다'로 번역된다. 따라서 '날회여'와 '샐리'의 반의 관계는 명백히 입증된다.

⑴ a. 날회여 가 얼운이게 후에 홈을 닐오되 공슌타 ᄒ고 샐리 가 얼운
의게 몬져 홈을 닐오되 공슌티 아니타 ᄒᄂ니라(徐行後長者를 謂
之弟오 疾行先長者를 謂之不弟니라) <小언二 57a>

<2> 尊히/놋가이

두 부사가 [尊/卑] 즉 '尊하게/낮게'의 뜻을 가지고 反義 관계에 있다. 원문 중 '卑而尊'이 '놋가이 ᄒ고 尊히 ᄒ다'로 번역된다. 따라서 '尊히'와 '놋가이'의 반의 관계는 명백히 입증된다.

⑵ a. 스스로 놋가이 ᄒ고 사ᄅᆷ을 尊히 ᄒ며(自卑而尊人ᄒ며) <小언五 21a>

제3절
相補語

모든 對立語들 중에서 相補語는 개념적으로 가장 단순한 것이다. 한쌍의 相補語들의 본질은 그것들이 어떤 개념적 영역을 두 개의 상호 배타적인 구획들로 철저히 구분하는 데 있다. 그래서 구획들 중의 하나에 속하지 않는 것은 반드시 다른 구획에 속하지 않으면 안 된다. 中立地域이 존재하지 않는다. 다시 말하면 한쌍의 상보어들 사이에 제3항의 가능성이 없다. 상보어들의 예는 다음과 같다: true/false, dead/alive, open/shut, hit/ miss(과녁), pass/fall(시험) (Cruse 1986: 198-199).

임지룡(1989: 26-28)에 의하면 상보어는 네 가지 특징을 가진다.

첫째, 상보어는 단언과 부정에 대한 상호 함의 관계가 성립된다.

둘째, 상보어는 대립 관계에 있는 두 어휘 항목을 동시에 긍정하거나 부정하게 되면 모순이 일어난다.

셋째, 상보어는 정도어로써 수식이 불가능하며 비교 표현으로 사용될 수 없다.

넷째, 상보어는 평가의 기준이 절대적이다. 예컨대, '남자'와 '여자', '살다'와 '죽다'의 對立은 어떤 시대 어떤 지역에서도 뚜렷이 구별되는 절대적 사항이다.

3.1. 名詞에서의 相補語

名詞에서의 相補語에는 [男/女] 즉 '남자/여자'의 뜻을 가진 '남진/겨집'을 비롯하여 [男/女] 즉 '남자/여자'의 뜻을 가진 'ᄉ나히/간나히'와 [男/女]와 [男子/女子] 즉 '남자/여자'의 뜻을 가진 'ᄉ나히/겨집' 등 16 항목이 있다.

<1> 故/新

두 명사가 [故/新] 즉 '옛것/새것'의 뜻을 가지고 相補 관계에 있다. 원문 중 '溫故而知新'이 '故를 溫ᄒ야 新을 知ᄒ다'로 번역된다. 따라서 '故'와 '新'의 상보 관계는 명백히 입증된다.

(1) a. 子ㅣ 글ᄋ샤ᄃᆡ 故를 溫ᄒ야 新을 知ᄒ면 可히 ᄡᅥ 師ㅣ 되염직ᄒ니라(子ㅣ 曰溫故而知新ᄒ면 可以爲師矣니라) <論언一 13b>

<2> 君子/샹인

두 명사가 [君子/庶人] 즉 '벼슬 있는 사람/아무 벼슬이 없는 일반 평민'의 뜻을 가지고 相補 관계에 있다. 원문 중 '君子…庶人…'이 '君子…샹인…'으로 번역된다. 따라서 '君子'와 '샹인'의 상보 관계는 명백히

입증된다.

(2) a. 君子ㅣ 늘금애 거러 둔니디 아니ᄒᆞ고 샹인이 늘금애 민밥 먹디 아
니ᄒᆞᄂᆞ니라(君子ㅣ 耆老애 不徒行ᄒᆞ고 庶人이 耆老애 不徒食이
니라) <小언二 65a>
b. 君子: 이 군ᄌᆞᄂᆞᆫ 벼슬 읻ᄂᆞᆫ 사ᄅᆞᆷ이라 <小언二 65a>

<3> 君子/小人

두 명사가 [君子/小人] 즉 '군자/소인'의 뜻을 가지고 相補 관계에 있
다. 원문 중 '君子小人'이 '君子 小人'으로 번역되고 '君子…小人'이 '君
子…小人'으로 번역된다. 따라서 '君子'와 '小人'의 상보 관계는 명백히
입증된다.

(3) a. 오직 君子 小人이 이예 ᄂᆞᆫ호일 ᄲᅮᆫ이 아니라(不惟君子小人이 於
此焉分이라) <小언五 94a>
b. 이러틋ᄒᆞ고 君子 되지 몯ᄒᆞ리 잇디 아니ᄒᆞ고(31a)……이러틋ᄒᆞ
고 小人되지 아니리 잇디 아니ᄒᆞ니라(如此而不爲君子ㅣ 未之有
也ㅣ오……如此而不爲小人이 未之有也ㅣ니라) <小언五 31b>
c. 子ㅣ ᄀᆞᆯ으샤ᄃᆡ 君子ᄂᆞᆫ 周ᄒᆞ고 比(141)티 아니ᄒᆞ고 小人은 比ᄒᆞ고
周티 아니ᄒᆞ니라(子ㅣ 曰君子ᄂᆞᆫ 周而不比ᄒᆞ고 小人은 比而不周
ㅣ니라) <論언一 14b>
d. 子ㅣ ᄀᆞᆯ으샤ᄃᆡ 君子ᄂᆞᆫ 德을 懷ᄒᆞ고 小人은 土ᄅᆞᆯ 懷ᄒᆞ며 君子ᄂᆞᆫ
刑을 懷ᄒᆞ고 小人은 惠ᄅᆞᆯ 懷ᄒᆞᄂᆞ니라(子ㅣ 曰君子ᄂᆞᆫ 懷德ᄒᆞ고
小人은 懷土ᄒᆞ며 君子ᄂᆞᆫ 懷刑ᄒᆞ고 小人은 懷惠니라) <論언一
34b>

<4> 남진/겨집

두 명사가 [男/女] 즉 '남자/여자'의 뜻을 가지고 相補 관계에 있다. 원문 중 '男女'가 '남진 겨집'으로 번역된다. 따라서 '남진'과 '겨집'의 상보 관계는 명백히 입증된다.

(4) a. 飮食과 남진 겨집으로뻐 切흔 죵요를 삼올디니(以飮食男女로 爲切要ㅣ니) <小언五 33a>

<5> 녜/이제

두 명사가 [古/今] 즉 '옛날/지금'의 뜻을 가지고 相補 관계에 있다. 원문 중 '古今'이 '녜며 이제'로 번역되고 '今古'가 '이제며 녜'로 번역된다. 따라서 '녜'와 '이제'의 상보 관계는 명백히 입증된다.

(5) a. 만일 聰明ᄒ며 지조로오며 디혜로와 디식이 녜며 이제를 ᄉᄆᆺᄎ리 이셔도(如有聰明才知識達古今이라두) <小언五 68a>

b. 이제며 녜에 걸잇기디(4b) 아니ᄒᆞᄃᆡ(不拘今古ᄒᆞᄃᆡ) <小언五 5a>

c. 그 녜와 이제와 달옴이 업손 거시(其無古今之異者ㅣ) <小언 書題 2b>

d. 닐글 이 잇다감 흔갓 녜와 이제와 맛당홈이 달음으로뻐 行티 아니ᄒᆞᄂᆞ니(讀者ㅣ 往往애 直以古今異宜로 而莫之行ᄒᆞᄂᆞ니) <小언 書題 2b>

e. ᄌᆞᄆᆺ 그 녜와 이제와 달옴이 업손 거시(其無古今之異者ㅣ) <小언 書題 2b>

<6> 多/寡

두 명사가 [多/寡] 즉 '많음/적음'의 뜻을 가지고 相補 관계에 있다. 원문 중 '以多…於寡'가 '多로써 寡애'로 번역된다. 따라서 '多'와 '寡'의 상보 관계는 명백히 입증된다.

(6) a. 多로써 寡애 무르며(以多로 問於寡ᄒᆞ며) <論二 31a>

<7> 믈고기/묻고기

두 명사가 [魚/肉] 즉 '물고기/뭍짐승의 고기'의 뜻을 가지고 相補 관계에 있다. 원문 중 '魚肉'이 '믈고기 묻고기'로 번역된다. 따라서 '믈고기'와 '묻고기'의 상보 관계는 명백히 입증된다.

(7) a. 左右로 ᄒᆡ여곰 믈고기 묻고기 귀ᄒᆞᆫ 차빈돌ᄒᆞᆯ 사다가 지실 안(46b)해 각별이 차반 달흘 디를 밍ᄀᆞ랏더니(使左右로 買魚肉珍羞ᄒᆞ야 於齋內예 別立廚帳이러니) <小언五 47a>

b. 믈고기 므르니와 묻고기 서근 이를 먹디 아니ᄒᆞ시며(魚餒而肉敗 不食ᄒᆞ시며) <小언三 25a>

<8> 새/녜치

두 명사가 [舊/新] 즉 '옛것/새것'의 뜻을 가지고 相補 관계에 있다. 원문 중 '新間舊'가 '새 녜치를 리간ᄒᆞ다'로 번역된다. 따라서 '녜치'와 '새'의 상보 관계는 명백히 입증된다.

(8) a. 먼 이 親ᄒᆞᆫ 이를 리간ᄒᆞ며 새 녜치를 리간ᄒᆞ며(遠間親ᄒᆞ며 新間 舊ᄒᆞ며) <小언四 49a>

<9> 小/大

두 명사가 [小/大] 즉 '작음/큼'의 뜻을 가지고 相補 관계에 있다. 원문 중 '小大'가 '小와 大'로 번역된다. 따라서 '小'와 '大'의 상보 관계는 명백히 입증된다.

(9) a. 小와 大ㅣ 말미암으니라(小大由之니라) <論언一 6b>

<10> 死/生

두 명사가 [死/生] 즉 '죽음/삶'의 뜻을 가지고 相補 관계에 있다. 원문 중 '死生'이 '死와 生'으로 번역된다. 따라서 '死'과 '生'의 상보 관계는 명백히 입증된다.

(10) a. 死와 生이 命이 잇고 富와 貴ㅣ 天에 잇다 호라(死生이 有命이오 富貴ㅣ 在天이라 호라<論언三 21a>

<11> 사나히/간나히

두 명사가 [男/女] 즉 '남자/여자'의 뜻을 가지고 相補 관계에 있다. 원문 중 '男女'가 '사나히'와 '간나히'로 번역된다. 따라서 '사나히'와 '간나히'의 상보 관계는 명백히 입증된다.

(11) a. 사나히와 간나히 글히욤이 이시며(男女ㅣ 有別ᄒᆞ며) <小언五 34a>

<12> 사나히/겨집

두 명사가 [男/女]와 [男子/女子] 즉 '남자/여자'의 뜻을 가지고 相補 관계에 있다. 원문 중 '男女'가 '사나히와 겨집'으로 번역되고 '男子…

女子…'가 '亽나히는…겨집은…'으로 번역된다. 따라서 '亽나히'와 '겨집'의 상보 관계는 명백히 입증된다.

(12) a. 亽나히와 겨집이 듕인 든니미 잇디 아니ᄒ얏거든(男女ㅣ 非有行媒어든) <小言二 45a>

b. 亽나히와 겨집이 글히욤이 이신 후에(男女有別然後에) <小言二 49a>

c. 亽나히 겨집의게 몬져 홈은 강건ᄒ며 유슌ᄒ 쁘디니(男先於女는 剛柔之義也ㅣ니) <小言二 48b>

d. 亽나히는 안흘 닐ᄋ디 아니ᄒ고 겨집은 밧글 닐ᄋ디 아니ᄒ며 (男不言內ᄒ고 女不言外ᄒ며) <小言二 51b>

(12) e. 亽나히는 밧긔 잇고 겨집은 안해 이셔(男子는 居外ᄒ고 女子는 居內ᄒ야) <小言二 50a>

f. 길헤 亽나히는 올ᄒ녁흐로 말미암고 겨집은 왼녁흐로 말미암을 디니라(道路애 男子는 由右ᄒ고 女子는 由左ㅣ니라) <小言二 52b>

<13> 아비/어미

두 명사가 [父/母] 즉 '아버지/어머니'의 뜻을 가지고 相補 관계에 있다. 원문 중 '父…母'가 '아비는…어미는'으로 번역된다. 따라서 '아비'와 '어미'의 相補 관계는 명백히 입증된다.

(13) a. 아비는 올히 ᄒ고 어미는 어엿비 너기며(父義ᄒ며 慈母ᄒ며) <小言五 34a>

<14> 웃태우/아랫태우

두 명사가 [上大夫/下大夫]의 뜻을 가지고 相補 관계에 있다. 원문 중 '下大夫…上大夫'가 '아랫태우…웃태우'로 번역된다. 따라서 '웃태우'와 '아랫태우'의 상보 관계는 명백히 입증된다.

(14) a. 됴희예 아랫태우로 더블어 말ᄉᆞᆷᄒᆞ심애 侃侃툿 ᄒᆞ시며 웃태우로 더블어 말ᄉᆞᆷᄒᆞ심애 誾誾툿 ᄒᆞ더시다(朝與下大夫言에 侃侃如也ᄒᆞ며 與上大夫言에 誾誾如也ㅣ러시다) <小언三 14a>

<15> 은혜/원슈

두 명사가 [恩/讎] 즉 '은혜/원수'의 뜻을 가지고 相補 관계에 있다. 원문 중 '恩讎'가 '은혜며 원슈'로 번역된다. 따라서 '은혜'와 '원슈'의 상보 관계는 명백히 입증된다.

(15) a. 은혜며 원슈를 分明히 홀 거시라 ᄒᆞ는 이 네 字ᄂᆞᆫ(恩讎分明此四字ᄂᆞᆫ) <小언五 95b>

<16> 直/枉

두 명사가 [直/枉] 즉 '곧음/굽음'의 뜻을 가지고 相補 관계에 있다. 원문 중 '直'이 '直'으로 번역되고 '諸枉'이 '모ᄃᆞᆫ 枉'으로 번역된다. 따라서 '直'과 '枉'의 상보 관계는 명백히 입증된다.

(16) a. 孔子ㅣ 對ᄒᆞ야 ᄀᆞᆯ♀샤ᄃᆡ 直을 擧ᄒᆞ고 모ᄃᆞᆫ 枉을 錯ᄒᆞ면 民이 服ᄒᆞ고 枉을 擧ᄒᆞ고 모ᄃᆞᆫ 直을 錯ᄒᆞ면 民이 服디 아니ᄒᆞᄂᆞ닝이다 (孔子ㅣ 對曰擧直錯諸枉則民服ᄒᆞ고 擧枉錯諸直則民不服이닝이다) <論언一 16a>

3.2. 動詞類에서의 相補語

動詞類에서의 相補語에는 [壽/夭] 즉 '長壽하다/短命하다'의 뜻을 가진 '댱슈ᄒ다/단명ᄒ다'를 비롯하여 [生/死] 즉 '살다/죽다'의 뜻을 가진 '살다/죽다'와 [存/亡] 즉 '있다/없다'의 뜻을 가진 '잇다/없다'가 있다.

<1> 댱슈ᄒ다/단명ᄒ다

두 동작동사가 [壽/夭] 즉 '長壽하다/短命하다' 및 '오래 살다/젊어서 죽다'의 뜻을 가지고 相補 관계에 있다. 원문 중 '壽夭'가 '댱슈ᄒ며 단명ᄒ다'으로 번역된다. 그리고 '夭/壽'가 '단명ᄒ며 댱슈ᄒ다'로 번역된다. 따라서 '댱슈ᄒ다'와 '단명ᄒ다'의 상보 관계는 명백히 입증된다.

(1) a. 또 貴ᄒ며 賤ᄒ며 댱슈ᄒ며 단명홈의 말미아마 定혼 배니라(亦貴賤壽夭之所由定也ㅣ니라) <小언五 94a>
   b. 단명ᄒ며 댱슈ᄒᄂ 밑되니(夭壽之萌也ㅣ니) <小언五 62b>

<2> 살다/죽다

두 동작동사가 [生/死] 즉 '살다/죽다'의 뜻을 가지고 相補 관계에 있다. 원문 중 '生…死'가 '사라실 쩨…죽음애'로 번역된다. 따라서 '살다'와 '죽다'의 상보 관계는 명백히 입증된다.

(2) a. 子ㅣ ᄀᆞᆯᄋᆞ샤ᄃᆡ 사라실 쩨 셤김을 禮로써 ᄒ며 죽음애 葬홈을 禮로써 ᄒ며 祭홈을 禮로써 홈이니라(子ㅣ曰 生事之以禮ᄒ며 死葬之以禮ᄒ며 祭之以禮니라) <論언一 11b>

<3> 잇다/없다

두 상태동사가 [存/亡] 즉 '있다/없다'의 뜻을 가지고 相補 관계에 있다. 원문 중 '存亡'이 '이시며 없다'로 번역된다. 따라서 '잇다'와 '없다'의 상보 관계는 명백히 입증된다.

(3) a. 義호 이는 이시며 업스모로뻐 모음을 밧고디 아니ᄒᆞᄂᆞ니(義者는 不以存亡으로 易心ᄒᆞᄂᆞ니) <小언六 58a>

제4절
逆義語

反義語와 相補語와 구별되는 것이 逆義語(converse)이다. 역의어의 예로 husband/wife, buy/sell을 들 수 있다.

역의어 즉 關係 對立語(relational opposite)는 두 실재물들의 관계를 다른 실재물에 상대적인 한 실재물의 방향을 어떤 軸을 따라 明示함으로써 나타내는 쌍들로 구성된다. 상이한 위치에 있는 두 對象物 A와 B에 있어서 B에 상대적인 A의 方向은 A에 상대적인 B의 방향의 정반대이다. 그러므로 A와 B의 관계를 A나 B를 기준점으로 취하여 두 개의 논리적으로 等價인 방식으로 나타낼 수 있다. 그래서 A가 B보다 더 높으면 'A가 B의 위에 있다'거나 'B가 A의 아래에 있다'라고 말할 수 있다.

4.1. 名詞類에서의 逆義語

名詞類에서의 逆義語에는 [君/臣] 즉 '임금/신하'의 뜻을 가진 '君/臣'을 비롯하여 [我/物] 즉 '나/남'의 뜻을 가진 '나/눔', [夫/婦] 즉 '남편/아내'의 뜻을 가진 '남진/겨집', [夫/妻] 즉 '남편/아내'의 뜻을 가진 '남진/겨집' 등 15 항목이 있다.

<1> 君/臣

두 명사가 [君/臣] 즉 '임금/신하'의 뜻을 가지고 逆義 관계에 있다. 원문 중 '君使臣'이 '君이 臣을 브리다'로 번역된다. 따라서 '君'과 '臣'의 역의 관계는 명백히 입증된다.

(1) a. 定公이 묻ᄌᆞ오ᄃᆡ 君이 臣을 브리며 臣이 君을 셤교ᄃᆡ 엇디ᄒᆞ링잇고(定公이 問君使臣ᄒᆞ며 臣事君호ᄃᆡ 如之何ㅣ잇고) <論언一 26a>

   b. 孔子ㅣ 對ᄒᆞ야 ᄀᆞᆯᄋᆞ샤ᄃᆡ 君이 臣을 브료ᄃᆡ 禮로ᄡᅥ ᄒᆞ며 臣이 君을 셤교ᄃᆡ 忠으로ᄡᅥ 홀 ᄯᅵ닝이다(孔子ㅣ 對曰君使臣以禮ᄒᆞ며 臣事君以忠이닝이다) <論언一 26a>

<2> 나/눔

두 명사가 [我/物] 즉 '나/남'의 뜻을 가지고 逆義 관계에 있다. 원문 중 '物我'가 '눔이며 나'로 번역된다. 따라서 '나'와 '눔'의 역의 관계는 명백히 입증된다.

(2) a. 곧 그 어버의게 임윗 눔이며 내라 홈이 이셔(則於其親已有物我

ᄒᆞ야) <小言五 3a>

<3> 남진/겨집

두 명사가 [夫/婦] 즉 '남편/아내'의 뜻을 가지고 逆義 관계에 있다.
원문 중 '夫婦'가 '남진과 겨집'으로 번역된다. 따라서 '남진'과 '겨집'의
역의 관계는 명백히 입증된다.

(3) a. 남진과 겨집이 은혜 이시며(夫婦ㅣ 有恩ᄒᆞ며) <小言五 34a>

　　b. 남진과 겨집의 글희욤을 ᄇᆞᆯ키니라(明夫婦之別ᄒᆞ니라) <小言二
　　　56a>

　　c. 남진 겨집의 글희욤은(夫婦之別은) <小言二 77b>

　　d. 禮ᄂᆞᆫ 남진 겨집 삼가매 비릇ᄂᆞ니(禮ᄂᆞᆫ 始於謹夫婦ㅣ니) <小言二
　　　50a>

　　e. ᄒᆞᆫ 남진 ᄒᆞᆫ 겨집은 샹ᄊᆞ롬의 직분이니라(一夫一婦ᄂᆞᆫ 庶人之職也
　　　ㅣ니라) <小言五 64a>

<4> 남진/겨집

두 명사가 [夫/妻] 즉 '남편/아내'의 뜻을 가지고 逆義 관계에 있다.
원문 중 '夫…妻'가 '남진…겨집'으로 번역된다. 따라서 '남진'과 '겨집'
의 역의 관계는 명백히 입증된다.

(4) a. 남진은 화열ᄒᆞ고 겨집은 유슌ᄒᆞ며(夫和妻柔ᄒᆞ며) <小言二 74a>

　　b. 남진은 화열ᄒᆞ딕 올히 ᄒᆞ며 겨집은 유슌ᄒᆞ딕 正다이 ᄒᆞ며(夫和而
　　　義ᄒᆞ며 妻柔而正ᄒᆞ며) <小言二 75a>

<5> 님금/신하

두 명사가 [君/臣] 즉 '임금/신하'의 뜻을 가지고 逆義 관계에 있다. 원문 중 '君臣'이 '님금과 신하'로 번역된다. 그리고 '君…臣…'이 '님금 은…신하는…'으로 번역된다. 따라서 '님금'과 '신하'의 역의 관계는 명백히 입증된다.

(5) a. 님금과 신해 正ᄒ며(君臣正ᄒ며) <小언三 9a>

　　 b. 님금과 신하롤 正케 ᄒ며(正君臣ᄒ며) <小언三 9a>

　　 c. 님금과 신하의 義롤 볼키니라(明君臣之義ᄒ니라) <小언二 44b>

　　 d. 님금 신하의 義와 아비 아ᄃᆞᆯ이 親홈과(君臣之義와 父子之親과) <小언二 77b>

　　 e. 님금은 긔걸ᄒ고 신하는 공슌히 ᄒ며(君令臣共ᄒ며) <小언二 74a>

　　 f. 님금은 긔걸호ᄃᆡ 어글웃게 아니ᄒ며 신하는 공슌호ᄃᆡ 두 가지로 아니ᄒ며(君令而不違ᄒ며 臣共而不二ᄒ며) <小언二 74b>

　　 g. 님금이 신하애 몬져 홈이(君先乎臣이) <小언二 48b>

<6> 싀어미/며ᄂᆞ리

두 명사가 [姑/婦] 즉 '시어머니/며느리'의 뜻을 가지고 逆義 관계에 있다. 원문 중 '姑…婦'가 '싀어미…며ᄂᆞ리'로 번역된다. 따라서 '싀어미'와 '며ᄂᆞ리'의 역의 관계는 명백히 입증된다.

(6) a. 싀어미는 어엿비 너기고 며ᄂᆞ리는 들옴이 禮니라(姑慈婦聽이 禮也ㅣ니라) <小언二 74a>

　　 b. 싀어미는 어엿비 너기고도 조츠며 며ᄂᆞ리는 듣줍고도 완슌홈이 禮옛 어딘 일이니라(姑慈而從ᄒ며 婦聽而婉이 禮之善物也ㅣ니라) <小언而 75a>

<7> 아비/아돌

두 명사가 [父/子] 즉 '아버지/아들'의 뜻을 가지고 逆義 관계에 있다. 원문 중 '父子親'이 '아비와 아돌이 親ᄒᆞ다'로 번역된다. 따라서 '아비'와 '아돌'의 역의 관계는 명백히 입증된다.

(7) a. 아비와 아돌이 親ᄒᆞ고(父子ㅣ 親ᄒᆞ고) <小언二 49a>

   b. 아비와 아돌이 親ᄒᆞᆫ 후에 義ㅣ 나고(父子ㅣ 親然後에 義ㅣ 生ᄒᆞ고) <小언二 49a>

   c. 아비와 아돌이 親ᄒᆞ며(父子ㅣ 親ᄒᆞ며<小언三 9a>

   d. 아비와 아돌ᄋᆞᆯ 親케 ᄒᆞ며(親父子ᄒᆞ며) <小언三 9a>

   e. 아비 아돌이 親홈과(父子之親과) <小언二 77b>

   f. 아비ᄂᆞᆫ 어엿비 너교ᄃᆡ ᄀᆞᄅᆞ치며 아돌ᄋᆞᆫ 효도호ᄃᆡ 간ᄒᆞ며(父慈而敎ᄒᆞ며ㅣ 子孝而箴ᄒᆞ며) <小언二 74b>

<8> 아비/ᄌᆞ식

두 명사가 [父/子] 즉 '아버지/아들'의 뜻을 가지고 逆義 관계에 있다. 원문 중 '父…子'가 '아비…ᄌᆞ식'으로 번역된다. 따라서 '아비'와 'ᄌᆞ식'의 역의 관계는 명백히 입증된다.

(8) a. 아비ᄂᆞᆫ 어엿비 너기고 ᄌᆞ식은 효도ᄒᆞ며(父慈子孝ᄒᆞ며) <小언二 74a>

<9> 얼운/아희

두 명사가 [長/幼] 즉 '어른/아이'의 뜻을 가지고 逆義 관계에 있다. 원문 중 '長幼'가 '얼운과 아희'로 번역되고 '長幼之序'가 '얼운과 아희

츠레'로 번역된다. 따라서 '얼운'과 '아히'의 역의 관계는 명백히 입증된다.

(9) a. 얼운과 아히 츠레로뼈 안자 흔가지로 먹더라(長幼ㅣ 以次坐而共食之ㅎ더라) <小언六 99b>

b. 얼운과 아히 다 모닷더니(長幼ㅣ 咸萃러니) <小언六 27a>

c. 얼운과 아히 和흔 후에(長幼和而後에) <小언三 9a>

d. 얼운과 아히롤 和케 ㅎᄂ니(和長幼ㅣ니) <小언三 9a>

e. 이 우흔 얼운과 아희 츠례룰 볼키니라(右ᄂ 明長幼之序ㅎ니라) <小언二 65a>

<10> 얼운/져믄이

두 명사가 [長/少] 즉 '어른/젊은이'의 뜻을 가지고 逆義 관계에 있다. 원문 중 '少事長'이 '져믄이 얼운 셤기다'로 번역되고 '少陵長'이 '져믄이 얼운을 므던이 너기다'로 번역된다. 따라서 '얼운'과 '져믄이'의 역의 관계는 명백히 입증된다.

(10) a. 져믄이 얼운 셤기며 賤흔 이 貴흔 이 셤곰애(少事長ㅎ며 賤事貴예) <小언二 8a>

b. 져믄이 얼운을 므던이 너기며(少陵長ㅎ며) <小언四 49a>

<11> 얼운/졈은이

두 명사가 [長者/少者] 즉 '어른/젊은이'의 뜻을 가지고 逆義 관계에 있다. 원문 중 '長者…少者'가 '얼운이…졈은이'로 번역된다. 따라서 '얼운'과 '졈은이'의 역의 관계는 명백히 입증된다.

(11) a. 얼운이 말(62a)라 커시든 졈은이 돗기 도라와 먹고(長者ㅣ 辭
ㅣ어든 少者ㅣ 反席而飮ᄒ고) <小언二 62b>

b. 얼운이 드러셔 다 먹디 몯ᄒ여 겨시거든 졈은이 敢히 먹디 아니
ᄒᆞᆯ디니라(長者ㅣ 擧未釂ㅣ어든 少者ㅣ 不敢飮이니라) <小언二
62b>

<12> 조샹/子孫

두 명사가 [祖先/子孫] 즉 '조샹/자손'의 뜻을 가지고 逆義 관계에 있
다. 원문 중 '祖先…子孫'이 '조샹…子孫'으로 번역된다. 따라서 '조샹'
과 '子孫'의 역의 관계는 명백히 입증된다.

(12) a. 조샹이…검박홈으로 말ᄆᆡ암아 뼈 일워 셰디 아니리 업고 子孫
이…샤치ᄒ며 오만홈으로 말ᄆᆡ암아 뼈 업뎌 뻐러 ᄇ리디 아니리
업ᄂᆞ니(莫不由祖先의…儉ᄒ야 以成立之ᄒ고 莫不由子孫의…
奢傲ᄒ야 以覆墮之ᄒᄂ니) <小언五 19a>

<13> 主人/손

두 명사가 [主人/客]과 [主/賓] 즉 '주인/손'의 뜻을 가지고 逆義 관계
에 있다. 원문 중 '主人…右客…左'가 '主人은…올ᄒ녁흐로 가고 손은
… 윈녁흐로 가다'로 번역된다. '主人就…客就…'가 '主人은 나아가고
손은 나아가다'로 번역된다. 그리고 '賓主'가 '손과 쥬인'으로 번역된
다. 따라서 '主人'과 '손'의 역의 관계는 명백히 입증된다.

(13) a. 主人은 門의 들어 올ᄒ녁흐로 가고 손은 門의 들어 윈녁흐로 가
(主人은 入門而右ᄒ고 客은 入門而左ᄒ야) <小언二 68b>

b. 主人은 東階예 나아가고 손은 西階예 나아가디(主人은 就東階
ㅎ고 客은 就西階호디) <小언二 68b>

c. 主人이 묻디 아니커든 손이 몬져 들어 닐ㅇ디 말올디니라(主人
ㅣ 不問이어든 客不先擧ㅣ니라) <小언二 69b>

(13) d. 손과 쥬인이(27a) 일빅 번 절ㅎ야 졈으도록 술 먹ㅇ디(賓主ㅣ 百
拜ㅎ야 終日飮酒호디) <小언三 27b>

<14> 태우/士

두 명사가 [大夫/士] 즉 '벼슬 높은 사람/벼들 낮은 사람'의 뜻을 가지
고 逆義 관계에 있다. 원문 중 '大夫士'가 '태우와 士'로 번역된다. 그리
고 '人夫之賢者…士之仁者'가 '태우의 어딘 이…士의 仁흔 이'로 번역
된다. 따라서 '태우'와 '士'의 역의 관계는 명백히 입증된다.

(14) a. 태우와 士ㅣ 서르 봄애 비록 貴와 賤이 맛디 아니ㅎ나(大夫士ㅣ
相見에 雖貴賤이 不敵ㅎ나) <小언二 69b>

b. 孔子ㅣ 글ㅇ샤디 이 나라히 이셔 그 태우의 어딘 이룰 셤기며 그
士의 仁흔 이룰 벋홀디니라(孔子ㅣ 日居是邦也ㅎ야 事其大夫
之賢者ㅎ며 友其士之仁者ㅣ니라) <小언二 66b>

c. 태위 간ㅎ는 신하 세 사룸ㅇ 두면 비록 道ㅣ 업스나 그 집을 일티
아니ㅎ고 士ㅣ 간ㅎ는 벋을 두면 몸이 어딘 일홈애 떠나디 아니
ㅎ고(大夫ㅣ 有爭臣三人이면 雖無道ㅣ나 不失其家ㅎ고 士有爭
友則身不離於令名ㅎ고) <小언二 71a>

<15> 兄/아ㅇ

두 명사가 [兄/弟] 즉 '형/아우'의 뜻을 가지고 逆義 관계에 있다. 원

문 중 '兄愛弟敬'이 '兄은 ᄉ랑ᄒ고 아ᄋ는 공경ᄒ다'로 번역되고 '兄
友弟恭'이 '兄은 ᄉ랑ᄒ고 아ᄋᆫ 공순ᄒ다'로 번역된다. 따라서 '兄'과
'아ᄋ'의 역의 관계는 명백히 입증된다.

(15) a. 兄은 ᄉ랑ᄒ고 아ᄋᆞ는 공경ᄒ며(兄愛弟敬ᄒ며) <小언二 74a>
b. 兄은 ᄉ랑ᄒ고 아ᄋᆞᆫ 공경홈은(兄愛弟敬은) <小언四 49b>
c. 兄은 ᄉ랑호ᄃᆡ 벋 ᄀᆞ티 ᄒ며 아ᄋᆞ는 공경호ᄃᆡ(74b) 화슌ᄒ며(兄
愛而友ᄒ며 弟敬而順ᄒ며) <小언二 75a>
d. 兄은 ᄉ랑ᄒ고 아ᄋᆞᆫ 공슌ᄒ며(兄友ᄒ며 弟恭ᄒ며) <小언五
34a>

4.2. 動作動詞에서의 逆義語

動作動詞에서의 逆義語에는 [訓/學] 즉 '가르치다/배우다'의 뜻을 가
진 'ᄀᆞᄅ치다/ᄇᆡ호다'를 비롯하여 [問/對] 즉 '묻다/대답하다'의 뜻을 가
진 '묻다/ᄃᆡ답ᄒ다'와 [取/去] 즉 '취하다/던지다'의 뜻을 가진 '取ᄒ다/
더디다'가 있다.

<1> ᄀᆞᄅ치다/ᄇᆡ호다

두 동작동사가 [訓/學] 즉 '가르치다/배우다'의 뜻을 가지고 逆義 관
계에 있다. 원문 중 '訓學者'가 'ᄇᆡ호ᄂ 이를 ᄀᆞᄅ치다'로 번역된다. 따
라서 'ᄀᆞᄅ치다'와 'ᄇᆡ호다'의 역의 관계는 명백히 입증된다.

(1) a. 節孝 徐先生이 ᄇᆡ호ᄂ 이를 ᄀᆞᄅ쳐 글오ᄃᆡ(節孝徐先生이 訓學
者曰) <小언五 30a>

<2> 묻다/디답ᄒ다

고유어 동작동사 '묻다'와 한자어 동작동사 '디답(對答)ᄒ다'가 [問/對] 즉 '묻다/대답하다'의 뜻을 가지고 逆義 관계에 있다. 원문 중 '問…對'가 '묻다…디답ᄒ다'로 번역된다. 따라서 '묻다'와 '디답ᄒ다'의 역의 관계는 명백히 입증된다.

   (2) a. 先生ᄭᅴ 뫼셔 안자실시 先生이 묻거시든 ᄆᆞᄎᆞ셔든 디답ᄒ며(侍坐 於先生ᄒᆞᆯ시 先生이 問焉이어시든 終則對ᄒ며) <小언二 60b>

<3> 取ᄒ다/더디다

두 동작동사가 [取/去] 즉 '취하다/던지다'의 뜻을 가지고 逆義 관계에 있다. 원문 중 '去…取'가 '더디고…取ᄒ다'로 번역된다. 따라서 '取ᄒ다'와 '더디다'의 역의 관계는 명백히 입증된다.

   (3) a. 뎌를 더디고 이를 取홈이(去彼取此ㅣ) <小언五 8a>

제5절
方向 對立語

方向 對立語(directional opposite)의 가장 순수한 것은 對立 方向
의 이동에서 발견된다. 직선을 이루며 각각 S(1)과 S(2)의 속도로 움직
이는 두 물체 A와 B는, 만일 B에 상대적인 A의 속도가 S(1)과 S(2)의
합과 같으면 대립 방향으로 움직이고 있다.

방향 대립은 up/down 및 come/go에서 명백히 발견된다. 이 쌍들
이 共有하는 것은 주어진 장소 P에 관해 두 대립 방향의 어느 하나로
이동하는 것이다. 그러나 그것들 사이에 중요한 차이가 있다. 만일 up/
down을 come/go와 비교한다면 우리는 come/go가 P를 향한 이동과
P로부터 멀어지는 이동 사이의 對立에 기초하고 한편 up/down이 P
로부터 멀어진 移動 內에서 생기는 對立에 기초한다는 것을 알 수 있
다.

이 논문에서는 方向 對立語를 對蹠語(antipodal)와 逆動語
(reversive)로 나누어 고찰하려고 한다.

첫째, 대척어는 方向 對立의 극단을 나타내는 대립어로서 對立雙에서 한 요소는 어떤 방향의 축을 따라 한 쪽의 극단을 나타내고 다른 한 요소는 대립 방향의 극단을 나타낸다. 대척어의 예로 '꼭대기/밑바닥'(공간상) 및 '처음/끝'(시간상)을 들 수 있다.

둘째, 역동어는 대립 방향으로의 이동이나 변화를 나타내는 동작동사의 쌍들로 구성된다. 역동어의 예로 다음을 들 수 있다: 오르다/내리다, 전진하다/후퇴하다, 들어가다/나오다.

5.1. 對蹠語

對蹠語에는 [晝/夜]와 [日/夜] 즉 '낮/밤'의 뜻을 가진 '낮/밤'을 비롯하여 [東階/西階] 즉 '동쪽 계단/서쪽 계단'의 뜻을 가진 '東階/西階', [旦/夕] 즉 '아침/저녁'의 뜻을 가진 '아ᄎᆞᆷ/나조ㅎ' 등 8 항목이 있다.

<1> 낮/밤

두 명사가 [晝/夜]와 [日/夜] 즉 '낮/밤'의 뜻을 가지고 方向 對立 관계에 있다. 원문 중 '晝夜'가 '나지며 밤'으로 번역되고 '晝…夜行'이 '나지…밤이 ᄃᆞᆫ니다'로 번역된다. 그리고 '日夜'가 '나지며 밤'으로 번역된다. 따라서 '낮'과 '밤'의 방향 대립 관계는 명백히 입증된다.

⑴ a. 나지며 밤의 블으지져 울오ᄃᆡ(晝夜號哭ᄒᆞᄃᆡ) <小언六 29b>
    b. 낫밤을 조으디 아니ᄒᆞ며(晝夜不眠ᄒᆞ며) <小언六 67b>
    c. 나지 ᄠᅳᆯ헤 ᄃᆞᆫ니디 아니ᄒᆞ며 밤이 ᄃᆞᆫ닐 제 블로ᄡᅥ ᄒᆞᄂᆞ니(晝不遊庭ᄒᆞ며 夜行以火ᄒᆞᄂᆞ니) <小언二 54a>

(1) d. 나지며 밤의 아직 스스로 낱낱치 출화(日夜의 且自點檢ᄒ야) <小
언五 94b>

e. 包ㅣ 낫밤을 블어지져 울고 춤아 가디 몯ᄒ더니(包ㅣ 日夜號泣不
能去ㅣ러니) <小언六 19b>

<2> 東階/西階

두 명사가 [東階/西階] 즉 '동쪽 계단/서쪽 계단'의 뜻을 가지고 方向
對立 관계에 있다. 원문 중 '就東階…就西階'가 '東階예 나아가고…西
階예 나아가다'로 번역된다. 따라서 '東階'와 '西階'의 방향 대립 관계
는 명백히 입증된다.

(2) a. 主人은 東階예 나아가고 손은 西階예 나아가ᄃᆡ(主人은 就東階ᄒ
고 客은 就西階호ᄃᆡ) <小언二 68b>

b. 東階예 올ᄋ거든 올ᄒ 발을 몬져 ᄒ고 西階예 올ᄋ거든 왼 발돌
몬져 홀디니라(上於東階則先右足ᄒ고 上於西階則先左足이니
라) <小언二 69a>

<3> 아춤/나조ㅎ

두 명사가 [旦/夕] 즉 '아침/저녁'의 뜻을 가지고 方向 對立 관계에
있다. 원문 중 '旦夕'이 '아춤 나조ㅎ'로 번역된다. 따라서 '아춤'과 '나
조ㅎ'의 방향 대립 관계는 명백히 입증된다.

(3) a. 아춤 나조히 ᄃᆞᄉ며 서늘케 ᄒ며(旦夕温凊ᄒ며) <小언六 87b>

<4> 아춤/나죄

두 명사가 [朝/夕] 즉 '아침/저녁'의 뜻을 가지고 方向 對立 관계에 있다. 원문 중 '朝夕'이 '아춤 나죄'로 번역된다. 따라서 '아춤'과 '나죄'의 방향 대립 관계는 명백히 입증된다.

(4) a. 아춤 나죄로 브르게 ᄒᆞ고져 ᄒᆞ노니(欲…令朝夕歌之ᄒᆞ노니) <小언五 7b>

　　b. 子ㅣ ᄀᆞᆯᄋᆞ샤ᄃᆡ 아춤의 道를 드르면 나죄 죽어도 可ᄒᆞ니라(子ㅣ
　　　曰朝聞道ㅣ면 夕死ㅣ라도 可矣니라) <論언一 33b>

<5> 안ᄒᆞ/밧

두 명사가 [內/外] 즉 '안/밖'의 뜻을 가지고 方向 對立 관계에 있다. 원문 중 '內志…外體…'가 '안 ᄠᅳ디…밧 얼굴이'로 번역되고 '居外…居內'가 '밧긔 잇고…안해 잇다'로 번역된다. '外內'가 '밧과 안ᄒᆞ'으로 번역된다. 그리고 '辨內外'가 '안팟글 분별ᄒᆞ다'로 번역된다. 따라서 '안ᄒᆞ'과 '밧'의 방향 대립 관계는 명백히 입증된다.

(5) a. 안 ᄠᅳ디 正ᄒᆞ고 밧 얼굴이 고든 然後에(內志正ᄒᆞ고 外體直然後
　　　에) <小언三 19a>

　　b. ᄉᆞ나히ᄂᆞᆫ 밧긔 잇고 겨집은 안해 이셔(男子ᄂᆞᆫ 居外ᄒᆞ고 女子ᄂᆞᆫ
　　　居內ᄒᆞ야) <小언二 50a>

　　c. 밧과 안히 우믈을 ᄒᆞᆫ가지로 아니ᄒᆞ며(外內不共井ᄒᆞ며) <小언二 52a>

　　d. 밧과 안햇 소임을 ᄀᆞ초ᄂᆞᆫ 배니(所以備外內之官也ㅣ니) <小언二 24b>

　　e. 宮室을 지오ᄃᆡ 안팟글 분변ᄒᆞ야(爲宮室호ᄃᆡ 辨內外ᄒᆞ야) <小언
　　　二 50a>

<6> 왼녁ᄒᆞ/올ᄒᆞᆫ녁ᄒᆞ

두 명사가 [左/右] 즉 '왼쪽/오른쪽'의 뜻을 가지고 方向 對立 관계에 있다. 원문 중 '左右屛'이 '왼녀키며 올흔녀크로 최다'로 번역된다. 따라서 '왼녁ㅎ'과 '올흔녁ㅎ'의 방향 대립 관계는 명백히 입증된다.

(6) a. 곧 왼녀키며 올흔녀크로 최여서 기들올디니라(則左右屛而待니
　　　라) <小언二 62a>

　　b. 왼녁히며 올흔녁흐로 나아가 봉양홈이(左右就養이) <小언二
　　　72a> <小언二 72b>

　　c. 길헤 亽나히는 올흔녁흐로 말미암고 겨집은 왼녁으로 말미암을
　　　디니라(道路애 男子는 由右ᄒ고 女子는 由左ㅣ니라) <小언二
　　　52b>

<7> 처엄/내죵

두 명사가 [始/終] 즉 '처음/나중'의 뜻을 가지고 方向 對立 관계에 있다. 원문 중 '終始'가 '내죵과 처엄'으로 번역된다. 따라서 '처엄'과 '내죵'의 방향 대립 관계는 명백히 입증된다.

(7) a. 내죵과 처어미 흔가짓 ᄠᅳᆮ이면(終始一意則) <小언五 9b>

<8> 하ᄂᆞᆯㅎ/ᄯᅡㅎ

두 명사가 [天/地] 즉 '하늘/땅'의 뜻을 가지고 方向 對立 관계에 있다. 원문 중 '天…地'가 '하ᄂᆞᆯ히 ᄯᅡㅎ'로 번역된다. 따라서 '하ᄂᆞᆯㅎ'과 'ᄯᅡㅎ'의 방향 대립 관계는 명백히 입증된다.

(8) a. 하ᄂᆞᆯ히 ᄯᅡ해 몬져 ᄒᆞ며(天先乎地ᄒᆞ며) <小언二 48b>

5.2. 逆動語

逆動語에는 [出/入] 즉 '나다/들다'의 뜻을 가진 '나다/들다'를 비롯하여 [進/退] 즉 '나아가다/물러나다'의 뜻을 가진 '낫다/믈으다', [隆/替] 즉 '일어나다/무너지다'의 뜻을 가진 '니러나다/믈허디다', [操/縱] 즉 '잡다/놓다'의 뜻을 가진 '되오다/느초다', [幷/分] 즉 '모으다/나누다'의 뜻을 가진 '뫼호다/눈호다', [積/散] 즉 '쌓다/흩다'의 뜻을 가진 '쌓다/흩다', [盛/衰] 즉 '성하다/쇠ᄒᆞ다'의 뜻을 가진 '盛ᄒᆞ다/衰ᄒᆞ다', [發/萎] 즉 '피다/지다'의 뜻을 가진 '픠다/이울다' 그리고 [向/背] 즉 '향하다/등지다'의 뜻을 가진 '向ᄒᆞ다/브리다'가 있다.

<1> 나다/들다

두 동작동사가 [出/入] 즉 '나다/들다'의 뜻을 가지고 方向 對立 관계에 있다. 원문 중 '出入'이 '나며 들다'로 번역된다. 그리고 '每出入'이 '미양 나들다'로 번역되고 '出入禁闥'이 '대궐의 나들다'로 번역된다. 따라서 '나다'와 '들다'의 방향 대립 관계는 명백히 입증된다.

(1) a. 나며 들옴애 숨고 뵈며(出入啓覲ᄒᆞ며) <小언六 87b>

　　b. 미양 나들어 殿門에 ᄂᆞ릴 제(每出入下殿門에) <小언六 33b>

　　c. 미양 나들 적에 샹녜(111b) 살門 밧긔셔 몰 브리며(每出入에 常於戟門外예 下馬ᄒᆞ며) <小언六 112a>

　　d. 대궐의 나들옴이 스므 남은 ᄒᆡ예(出入禁闥二十餘年에) <小언六 33b>

<2> 낫다/믈으다

두 동작동사가 [進/退] 즉 '나아가다/물러나다'의 뜻을 가지고 方向 對立 관계에 있다. 원문 중 '進退'가 '나ㅿ며 믈으다'로 번역된다. 그리고 '不敢進…不敢退'가 '敢히 낫씨 아니ᄒᆞ며…敢히 믈으디 아니ᄒᆞ다'로 번역된다. 따라서 '낫다'와 '믈으다'의 방향 대립 관계는 명백히 입증된다.

    (2) a. 할뽀기는 나ㅿ며 믈으며 두루 돌오물 반ᄃᆞ시 禮예 맛게 홀디니(射者ᄂᆞᆫ 進退周還을 必中禮니) <小言三 19a>

       b. 나으며 믈롬이 可히 법 바담즉ᄒᆞ며(진崔可度ᄒᆞ며) <小言四 55a>

       c. 揖ᄒᆞ야 ㅅ양ᄒᆞ며 나으며 믈으거시늘(揖讓進退어시늘) <小言四 4a>

       d. 나아오라 닐ᄋᆞ디 아니커든 敢히 낫쎠 아니ᄒᆞ며 믈러가라 닐ᄋᆞ디 아니커든 敢히 믈으디 아니ᄒᆞ(57a)며(不謂之進이어든 不敢進ᄒᆞ며 不謂之退어든 不敢退ᄒᆞ며) <小言二 57a>

<3> 니러나다/믈허디다

두 동작동사가 [隆/替] 즉 '일어나다/무너지다'의 뜻을 가지고 方向 對立 관계에 있다. 원문 중 '隆…替'가 '니러나미…믈허딤이'로 번역된다. 따라서 '니러나다'와 '믈허디다'의 방향 대립 관계는 명백히 입증된다.

    (3) a. 니러나미 이시면 도로 믈허딤이 인ᄂᆞ니(有隆還有替니) <小言五 25b>

<4> 되오다/느초다

두 동작동사가 [操/縱] 즉 '잡다/놓다'의 뜻을 가지고 方向 對立 관계에 있다. 원문 중 '操縱'이 '되오며 느초다'로 번역된다. 따라서 '되오다'와 '느초다'의 방향 대립 관계는 명백히 입증된다.

(4) a. 법 션 뜯을 샹고ᄒᆞ야 츌혀 되오며 느초면(考求立法之意而操縱之
ᄒᆞ면) <小언五 32b>

<5> 뫼호다/ᄂᆞᆫ호다

두 동작동사가 [幷/分] 즉 '모으다/나누다'의 뜻을 가지고 方向 對立 관계에 있다. 원문 중 '幷…分'이 '뫼호고…ᄂᆞᆫ호다'로 번역된다. 따라서 '뫼호다'와 'ᄂᆞᆫ호다'의 방향 대립 관계는 명백히 입증된다.

(5) a. 가ᄇᆡ야온 짐을 뫼호고 므거운 짐을 ᄂᆞᆫ화(輕任을 幷ᄒᆞ고 重任을
分ᄒᆞ야) <小언二 64b>

<6> 쌓다/흩다

두 동작동사가 [積/散] 즉 '쌓다/흩다'의 뜻을 가지고 方向 對立 관계에 있다. 원문 중 '積…散'이 '싸하 두디…흐트며'로 번역된다. 따라서 '쌓다'와 '흩다'의 방향 대립 관계는 명백히 입증된다.

(6) a. 싸하 두디 能히 흐트며(積而能散ᄒᆞ며) <小언三 3a>

<7> 盛ᄒᆞ다/衰ᄒᆞ다

두 동사가 [盛/衰] 즉 '성하다/쇠하다'의 뜻을 가지고 方向 對立 관계에 있다. 원문 중 '盛衰'가 '盛ᄒᆞ며 衰ᄒᆞ다'로 번역되고 '盛…衰'가 '盛ᄒᆞ면…衰ᄒᆞ다'로 번역된다. 따라서 '盛ᄒᆞ다'와 '衰ᄒᆞ다'의 방향 대립 관

계는 명백히 입증된다. '盛ᄒ다'는 상태동사이고 '衰ᄒ다'는 동작동사
이다.

(7) a. 며느리는 집의 말미아마 盛ᄒ며 衰ᄒ는 배니(婦者는 家之所由盛
衰也ㅣ니) <小언五 65a>

　b. 仁ᄒ 이는 盛ᄒ며 衰홈으로뻐 졀개를 고티디 아니ᄒ고(仁者는 不
以盛衰로 改節ᄒ고) <小언六 58a>

　c. 자븐 거시 盛ᄒ면 반ᄃ시 衰ᄒ고(物盛則必衰오) <小언五 25b>

<8> 픠다/이울다

두 동작동사가 [發/萎] 즉 '픠다/지다'의 뜻을 가지고 方向 對立 관계
에 있다. 원문 중 '早發…萎'가 '일 픠욤애…이울다'로 번역된다. 따라
서 '픠다'와 '이울다'의 방향 대립 관계는 명백히 입증된다.

(8) a. 빗난 동산 가온딧 고즌 일 픠욤애 도로 몬져 이울오(灼灼園中花
는 早發還先萎오) <小언五 26a>

<9> 向ᄒ다/ᄇ리다

두 동작동사가 [向/背] 즉 '향하다/등지다'의 뜻을 가지고 方向 對立
관계에 있다. 원문 중 '向…背'가 '向ᄒ고…ᄇ리다'로 번역된다. 따라서
'向ᄒ다'와 'ᄇ리다'의 방향 대립 관계는 명백히 입증된다.

(9) a. 어딘 듸 向ᄒ고 사오나온 이를 ᄇ려(向善背惡ᄒ야) <小언五 8a>

제6절
結語

    지금까지 1580년대 국어의 對立語를 순수히 共時的으로 고찰해 왔다. 이를 요약하면 다음과 같다.

    제1절에서는 對立語의 분류가 논의된다. 대립어는 反義語, 相補語, 逆義語 및 方向 對立語로 나누어진다.

    제2절에서는 反義語가 狀態動詞에서의 反義語, 動作動詞에서의 反義語, 名詞에서의 反義語 및 副詞에서의 反義語로 나뉘어 고찰된다.

    狀態動詞에서의 反義語에는 [貧/富] 즉 '가난하다/부유하다'의 뜻을 가진 '가난ᄒ다/가ᅀᆞ멸다'를 비롯하여 [輕/重] 즉 '가볍다/무겁다'의 뜻을 가진 '가비얍다/므겁다'와 [剛/柔] 즉 '단단하다/부드럽다'의 뜻을 가진 '강건ᄒ다/유순ᄒ다' 등 28 항목이 있다.

    動作動詞에서의 反義語에는 [譽/毁] 즉 '기리다/헐뜯다'의 뜻을 가진 '기리다/헐ᄢ리다'를 비롯하여 [悅/厭] 즉 '좋아하다/싫어하다'의 뜻을 가진 '믜다/아쳐ᄒ다', [順/逆] 즉 '좇다/거스르다'의 뜻을 가진 '順ᄒ다/거슬즈다', [損/益] 즉 '덜다/늘다'의 뜻을 가진 '損ᄒ다/益ᄒ다', [濡/乾] 즉 '젖다/마르다'의 뜻을 가진 '젖다/ᄆ르다' 그리고 [好/惡] 즉 '좋아하다/싫어하다'의 뜻을 가진 '好ᄒ다/惡ᄒ다'가 있다.

名詞에서의 反義語에는 [貴/賤] 즉 '귀함/천함'의 뜻을 가진 '貴/賤'이 있다.

副詞에서의 反義語에는 [徐/疾] 즉 '천천히/빨리'의 뜻을 가진 '날회여/샐리'와 [尊/卑] 즉 '尊하게/낮게'의 뜻을 가진 '尊히/ᄂᆺ가이'가 있다.

제3절에서는 相補語가 名詞에서의 相補語와 動作動詞에서의 相補語로 나뉘어 고찰된다.

名詞에서의 相補語에는 [男/女] 즉 '남자/여자'의 뜻을 가진 '남진/겨집'을 비롯하여 [男/女] 즉 '남자/여자'의 뜻을 가진 'ᄉ나히/간나히'와 [男/女]와 [男子/女子] 즉 '남자/여자'의 뜻을 가진 'ᄉ나히/겨집' 등 16 항목이 있다.

動詞類에서의 相補語에는 [壽/夭] 즉 '長壽하다/短命하다'의 뜻을 가진 '댱슈ᄒ다/단명ᄒ다'와 [存/亡] 즉 '있다/없다'의 뜻을 가진 '잇다/없다'가 있다.

제4절에서는 逆義語가 名詞類에서의 逆義語와 動作動詞에서의 逆義語로 나뉘어 고찰된다.

名詞類에서의 逆義語에는 [君/臣] 즉 '임금/신하'의 뜻을 가진 '君/臣'을 비롯하여 [我/物] 즉 '나/남'의 뜻을 가진 '나/남', [夫/婦] 즉 '남편/아내'의 뜻을 가진 '남진/겨집', [夫/妻] 즉 '남편/아내'의 뜻을 가진 '남진/겨집' 등 15 항목이 있다.

動作動詞에서의 逆義語에는 [訓/學] 즉 '가르치다/배우다'의 뜻을 가진 'ᄀᆞᆯ치다/빈호다'를 비롯하여 [問/對] 즉 '묻다/대답하다'의 뜻을 가진 '묻다/딕답ᄒᆞ다'와 [取/去] 즉 '취하다/던지다'의 뜻을 가진 '取ᄒᆞ다/더디다'가 있다.

제5절에서는 方向 對立語가 對蹠語와 逆動語로 나뉘어 고찰된다.

對蹠語에는 [晝/夜]와 [日/夜] 즉 '낮/밤'의 뜻을 가진 '낮/밤'을 비롯하여 [東階/西階] 즉 '동쪽 계단/서쪽 계단'의 뜻을 가진 '東階/西階', [旦/夕] 즉 '아침/저녁'의 뜻을 가진 '아ᄎᆞᆷ/나조ᄒᆞ' 등 8 항목이 있다.

逆動語에는 [出/入] 즉 '나다/들다'의 뜻을 가진 '나다/들다'를 비롯하여 [進/退] 즉 '나아가다/물러나다'의 뜻을 가진 '낫다/믈으다', [隆/替] 즉 '일어나다/무너지다'의 뜻을 가진 '니러나다/믈허디다', [操/縱] 즉 '잡다/놓다'의 뜻을 가진 '되오다/느초다', [幷/分] 즉 '모으다/나누다'의 뜻을 가진 '뫼호다/ᄂᆞᆫ호다', [積/散] 즉 '쌓다/흩다'의 뜻을 가진 '쌓다/흩다', [盛/衰] 즉 '성하다/쇠ᄒᆞ다'의 뜻을 가진 '盛ᄒᆞ다/衰ᄒᆞ다', [發/萎] 즉 '피다/지다'의 뜻을 가진 '픠다/이울다' 그리고 [向/背] 즉 '향하다/등지다'의 뜻을 가진 '向ᄒᆞ다/ᄇᆞ리다'가 있다.

참/고/문/헌

- 高明均(1989), 現代國語의 反意語에 관한 研究, 韓國外大 大學院 碩士學位論文.
- 김영선(1986), "국어 맞섬말의 의미 구조연구," 동아대 대학원 석사학위 논문.
- 南基心(1974), "反義語考." 國語學 2, 國語學會.
- 南星祐(1990), "語彙," 國語研究 어디까지 왔나, 東亞出版社.
  _____(1991), 十五世紀 國語의 對立語 研究. 우리어문학연구 제
        3집, 한국이국어대학교 사범대학 한국어교육과
  _____(2019), 1510年代 國語의 對立語 研究. 한국어사연구 5, 국어사연구회
  _____(2021), 1580年代 國語의 對立語 研究. 한국어사연구 7, 국어사연구회
- 朴善熙(1984), 現代國語의 相對語 研究, 淑明女大 大學院 碩士學位論文.
- 沈在箕(1975), "反義語의 存在錄相," 國語學 3, 國語學會.
- 劉昌惇(1971), 語彙史 研究, 宣明文化社.
- 李奭周(1975), 反義語 意識에 관한 一調查研究, 서울大 大學院 碩士學位論文.
- 李勝明(1973), "國語 相對語論(Ⅰ)," 어문논총 8, 경북대.
  _____(1978), 國語 語彙의 意味構造에 對한 研究, 형설출판사.
- 임지룡(1989), 국어 대립어의 의미 상관체계, 형설출판사.
- 정인수(1985), 국어반의어, 영남대 대학원 석사학위 논문.

- 최재홍(1986), 현대국어 어휘의 의미대립 유형에 대한 연구, 경북대 대학원 석삭학위 논문.
- 洪思滿(1983), "表別의 對立樣相-「箴言」書의 分析을 中心으로-," 어문논총 17, 경북대 인문대.
- Cruse, D. A.(1986), *Lexcal Semnatics*, Cambridge : Cambridge University Press.
- Lyons, J.(1977), *Semnatics Ⅰ*, Cambridge : Cambridge University Press.

對立語 찾아보기

저자 | 南星祐

1963년 서울대학교 문리과대학 국어국문학과 졸업
1969년 서울대학교 대학원 국어국문학과 문학석사
1986년 서울대학교 대학원 국어국문학과 문학박사
1975년~2006년 한국외국어대학교 사범대학 한국어교육과 교수 역임
現 한국외국어대학교 사범대학 한국어교육과 명예교수

〈저서〉

『國語意味論』,『十五世紀 國語의 同義語 硏究』,
『月印釋譜와 法華經諺解의 同義語 硏究』,『16세기 국어의 동의어 연구』,
『中世國語 文獻의 飜譯 硏究』,『救急方諺解와 救急簡易方의 同義語 硏究』
『釋譜詳節과 月印釋譜의 同義語 硏究』
『1510年代 國語의 同義語 硏究』

〈역주서〉

『역주 육조법보단경언해(중)』(2007)
『역주 구급간이방언해 2』(2008)
『역주 월인석보 권19』(2008)

〈역서〉

『意味論의 原理』,『意味論: 意味科學 入門』

中世國語 對立語 研究

초 판 인 쇄 | 2024년 5월 9일
초 판 발 행 | 2024년 5월 9일

지 은 이 南星祐

책 임 편 집 윤수경

발 행 처 도서출판 지식과교양
등 록 번 호 제2010-19호
주   소 서울시 강북구 삼양로 159나길18 힐파크 103호
전   화 (02) 900-4520 (대표) / 편집부 (02) 996-0041
팩   스 (02) 996-0043
전 자 우 편 kncbook@hanmail.net

ISBN 978-89-6764-207-5 93700   정가 20,000원